KB047352

노사도 없고 노사가 다하는 일 또한 없다

붓다가 가르쳐준 괴로움에 관한 네 가지 진리

(괴로움이 있음, 괴로움에는 원인이 있음, 괴로움을 없앨 수 있음,

괴로움을 없애는 데는 길이 있음)도 없고

깨달음을 얻기 위한 지혜도 없고 또한

깨닫는다는 것도 없다

얻어야 할 것이 아무것도 없음으로

보살은

반야바라밀다에 따라

마음에 사로잡히는 일이 없다

마음에 사로잡힘이 없으므로 공포도 없다

본말이 전도된 모든 것으로부터 벗어날 수 있어

절대적인 대안심의 경지에 이르는 것이다

과거, 현재, 미래 삼세의 모든 부처가

이 반야바라밀다에 따라

완벽한 깨달음을 얻으셨다

그러므로 다음 것을 알아야 한다

반야바라밀다는

커다란 진언이고

밝은 진언이고

위 없는 진언이고

견줄 것이 없는 진언이다

능히 모든 괴로움을 없애주는

진실하고, 허위가 아닌 경이다

이제 반야바라밀다 진언을 설하노라

진언은 다음과 같다

가고 가서

저 언덕에 이른 자여

저 언덕에 완전히 이른 자여

깨달음이여, 경사로세

반야심경

인문학을

좋아하는

사람들을

위한

야마나 테츠시(山名哲史) 지음
최성현 옮김

CD BOOK SUGOI!YAPPARI HANNYASHINGYOU DA

©TETSUSHI YAMANA 2011

Originally published in Japan in 2011 by ASUKA PUBLISHING INC.,TOKYO,

Korean translation rights arranged with ASUKA PUBLISHING INC.,TOKYO,

through TOHAN CORPORATION,TOKYO,and EntersKorea Co.,Ltd.,SEOUL.

반야심경

인문학을

좋아하는

사람들을

위한

야마나 테츠시(山名哲史) 지음

최성현 옮김

불광출판사

일러두기

•
이 책에 수록된 《반야심경》 원문은 당나라 현장 스님(602-664)의 번역입니다.

••
일본의 독송용 《반야심경》은 262자, 우리나라에서 통용되는 《반야심경》은 260자입니다.
이 차이는 '遠離一切顚倒夢想원리일체전도몽상'이라는 구절에서 발생합니다.
우리나라의 경우 '一切'를 뺀 '遠離顚倒夢想'으로 쓰고 있습니다.
본문에서는 원서의 표기를 따랐습니다.

어디에도 없고

어디에나 있는

행복에 관하여

들·어·가·며·

《반야심경》은 경전이라고 하기에는 너무나 작은 경입니다. 하지만 작기 때문에 누구나 바로 암송을 할 수 있고, 언제 어디서나 소리 내어, 혹은 속으로 읊조릴 수 있다는 이점이 있습니다. 이 작은 경은 비록 짧지만, 그 속에 불교의 정수가 모두 들어 있습니다. 방대한 불교 경전을 가장 짧은 글 속에 줄여 넣은 맑은 이슬과 같은 경이 《반야심경》입니다. 그러므로 이 경을 읊조리는 것은 불교의 핵심 가르침을 복창하는 것과 같은 효과를 갖는다고 할 수 있습니다.

본문에도 여러 번 썼습니다만, 우리는 우리의 거의 모든 시간을 로봇처럼, 혹은 몽유병자처럼 자기가 아닌 것에서 오는 동력에 지배당하며 살고 있습니다. 불교의 목표는 자신이 그렇게 잠들어 있는 상태에 있음을 알아채고 자각하는 것입니다.

잠에서 깨어나기 위해서는 명상이 필요합니다. 나날살이에서 순간마다 알아채는 것이, 자각이 필요합니다. 《반야심경》이 도움이 됩니다. 《반야심경》 낭송은 우리 마음의 기계적인 회전을 멈추게 해주기 때문입니다. 《반야심경》은 우리의 잠을 깨우는 주문과 같은 역할을 합니다.

《반야심경》을 · 외는 · 법 ·

불안할 때, 화가 날 때, 욕망의 파도에 휩쓸려 들어가 버릴 것 같을 때《반야심경》을 읊조려 보세요. 읊조리면서 '나는 깨닫는 데 무엇 하나 부족한 게 없다'라는 걸 자신에게 거듭해서 일러주세요. '나는 완벽한 존재로서 이 세상에 태어났다'라는 걸 알고 자신을 축복해 주세요. 그리고 '있는 그대로의 나를 지금 여기서 그대로 받아들인다'라고 굳게 선언하십시오. 이런 시간을 통해 당신의 무의식에 들어 있는 자기 자신에 대한 부정적인 생각을 조금씩 지워가기 바랍니다.

행복은 우리가 우리 자신을 얼마만큼 긍정적으로 받아들이냐에 달려 있습니다. 자신을 있는 그대로 받아들이는 것, 달리 말하면 자신에 대한 긍정적인 신념이 뿌리내리도록 하는 것, 그걸 위해《반야심경》을 낭송하는 것입니다. 한 차례 긍정적인 신념이 뿌리를 내리면, 그 신념이 당신 안에서 자연스럽게 성장하며 당신을 변화시켜 갑니다. 그리고 당신 주변 사람과 일들을 바꿔 갑니다.

《반야심경》이란 작은 경 속에는 나는 물론, 다른 존재와 삶의 모든 순간을 변화시킬 수 있는 커다란 힘이 들어 있습니다. 예로부터 사람들이 이 경에는 신비한 힘이 있다고 여겨온 데는 이와 같은 까닭이 있습니다.

옮 · 긴 · 이 · 의 · 글 ·

《반야심경》!

이 유명한 경전은 다음과 같은 두 가지 점에서 놀랍다. 첫째는 짧다는 거다. 262자밖에 안 된다. 불교 경전 가운데 가장 짧다. 짧은 것으로 유명한 노자도 5천 자다. 5천 자라면 스무 배에 가깝다. 《반야심경》은 짧지만 불교 경전 가운데 가장 유명하다. 통째로 외는 사람도 많다. 불교 신자라면 못 외는 사람이 거의 없을 정도다. 그런데 놀랍게도 그 짧은 경전의 뜻을 제대로 아는 사람이 별로 없다. 이 무슨 코미디인가? 여럿에게 물어봤지만 확 와 닿게 뜻을 풀어주는 사람이 없었다. 불교 공부 꽤나 했다는 사람이 그랬다. 그것은 스님도 마찬가지였다.

나는 국내외의 아주 많은 《반야심경》 해설서를 찾아 읽었다. 하지만 나를 만족스럽게 하는 책이 없었다. 정독을 해도 확 터지지가 않았다. 제대로 알았다는 느낌이 들지 않았다. 그러던 어느 날이었다. 일본 여행길에서 나는 이 책을 만났다. 어느 서점이었다. 이 책 앞에는 이런 안내의 글이 붙어 있었다.

그냥 지나칠 수 없었다. 목차와 내용 일부를 읽어 보았다. 쉽게 쓰여 있었다. 불교 용어를 쓰지 않고《반야심경》이야기를 하고 있는 것도 마음에 들었다. 깊이 알지 못하고는 그렇게 쓰기 어려웠다. 그렇게 이 책은 내 곁에 있게 됐고, 한국에 소개되게 됐다.

2

야마나 테츠시.

이 책의 저자다. 그는 승려가 아니다. 그런 그가 어떻게《반야심경》해설서를 쓸 수 있었을까? 그것도 일본 독자들로부터 가장 많은 사랑을 받고 있는《반야심경》해설서를?

테츠시는 와세다대학교를 중도에 그만둔다. 무슨 일이 있었을까? 고민이 많았을 거 같다. 그렇지 않고는 왜 명문 대학으로 알려진 그 좋은 대학을 다니다 말았을까? 그 뒤 그는 출판사에서 일했다 한다. 하지만 오래 하지 않았다. 곧 프리 에디터, 다시 말해 자유 편집자로 일했다. 책 만드는 일을 했으나 늘 출근을 하지는 않았다. 자유롭게 일했다.

그 기간 동안 그는 카운슬링 분야에도 힘을 쏟았다. 카운슬링? 우리말로 하면 상담, 혹은 상담 활동을 말한다. 여러 가지 이유로 일터나 학교나 집 등에서 어려움에 처해 고통을 당하고 있는 사람을 만나 그의 말을 들어주고 도움이 될 만한 이야기를 해주는 사람이다. 편집 일이나 카운슬링이나 둘 다 실력이 있어야 한다. 공부를 해야만 가능한 일이다. 테츠시는 무슨 공부를 했을까? 프랑스 사상을 중심으로 서양 철학을 팠다고 한다. 서른이 넘어서는 불교를 만났고, 그 뒤에는 서양 사상의 눈으로 불교를 다시 읽는 작업을 했다. 그렇다. 그는 독학의 재야 철학자이고, 이 책이 그 길의 열매다.

3
___

앞에서 썼듯이 그는 불교 용어를 버리고 이 책을 썼다. 그도 나처럼 스님들이 쓴 《반야심경》해설서에 화가 났던 모양이다.

《반야심경》은 이렇게 말한다.

한 수행자가 있었다.

그는 반야바라밀다를 깊이 수련하는 가운데

세상의 모든 것이 공空함을 깊이 이해하며

일체의 괴로움에서 벗어나게 됐다

이것이 《반야심경》이 하고자 하는 말이다. 여기서 키워드, 곧 열쇠 말은 세 가지다. 괴로움과 공과 반야바라밀다가 그것이다. 테츠시는 이 책의 거의 모든 지면을 이 세 가지를 말하는 데 쓴다. 그는 말한다.

"이 세 가지를 모르고는 《반야심경》을 아무리 읽어도 소용없다. 먼눈이 뜨이질 않는다."

모든 괴로움을 여의는 길은 어디에 있나? 만사가 공하다는 것을 알아야 한다. 그러자면 반야바라밀다를 수련해야 한다. 거기에는 8정도, 곧 여덟 가지 길이 있다. 그 가운데 두 가지를 테츠시는 권한다. 정념과 정정이다. 나날살이의 말로 하면 '지켜보기'와 '명상'이다.

테츠시는 말한다.

"《반야심경》이 말하고자 하는 것은 이것 하나다. 괴로움에서 벗어나는 법, 그리하여 행복을 얻는 길, 그것 하나다.

사람들은 너나 할 거 없이 크고 작은 괴로움 속에서 살아간다. 그 길에서 벗어나는 길이 있다. 그 길이 《반야심경》에 소개돼 있다. 오래된 길이다. 2천 년도 더 전에 석가모니가 찾은 길이다. 하지만 지금까지 그것보다 좋은 길을 찾은 이는 없다."

그 길을 만나 기쁘다. 어디서나 갈 수 있는 길이다. 굳이 집을 나올 필요가 없다. 수련 센터에 갈 필요도 없다. 집에서도, 일터에서도 할 수 있다. 어디서나 할 수 있다. 그 길을 이 책은 말하고 있다.

목 · 차 ·

삶을 바람직한
방향으로
바꾸기 위해서는
지혜가 필요하다

시

작

불교,
그리고
《반야심경》의 목적

'모르는' 데서 '아는' 데로 옮겨가기

여기에 물이 든 컵이 있고, 컵 겉면에 '독약'이라고 쓰여 있다고 합시다. 자, 당신은 이 컵 안의 물을 마실 수 있습니까? 마실 수 없습니다. 왜 그럴까요? 말할 것도 없이 마시면 죽는다는 걸 '알고 있기' 때문입니다. '마신다'라고 하는 행위가 '죽는다'라고 하는 결과를 불러온다는 인과 관계를 알고 있기 때문에 우리는 그 물을 마실 수 없습니다. 하지만 몰랐다면 아무렇지 않게 마셨을 겁니다. '알고 있기' 때문에 당신은 마시지 않을 수 있었습니다. '안다'라는 것은 이처럼 인간의 행동을 지배하는 힘이 있습니다.

불교에서는 '깨닫다'라는 말을 씁니다. 이 '깨닫다'라는 말은 본질적으로 '안다'와 다르지 않습니다. 있는 그대로의 것을 오류 없이 바로 아는 것을 '깨달았다'라고 합니다.

20

깨달음과 반대의 상태를 '무명無明'이라고 합니다. '무명'이라고 하면 뭔가 무서운 느낌이 들지만 실은 그것은 '무지無知', '모른다'라는 뜻에 지나지 않습니다. 곧 '알지 못하는' 상태를 말하는 것입니다.

불교는 '모르는' 상태에서 '아는', '깨달은' 상태로 옮겨가는 것을 목표로 합니다. 무명에서 깨달음으로 옮겨간다고 하면 뭔가 어려워지는 것 같은 느낌이 듭니다. 하지만 이것을 우리가 쓰는 나날의 말로 바꾸어 말하면 '알지 못하는' 상태에서 '아는' 상태로 바뀌는 것을 말합니다. 어렵지 않습니다. 그렇게 '앎'을 통해 나의 행동 방식, 곧 내 삶의 방식을 바꿔 가는 것이 불교의 목적입니다.

하지만 무엇을 알면 좋은 걸까요? 어떻게 하면 알 수 있는 걸까요? 이런 질문에 답한 것이 붓다이고, 그 가르침을 모아 놓은 것이 불교입니다.

지혜의 완성을 설한 경전,《반야심경》

우리의 삶을 바람직한 방향으로 바꾸기 위해서는 '지혜'가 필요합니다. 그런 지혜를 일러 '반야般若'라고 합니다. 반야란 산스크리트어로 지혜를 뜻하는 '프라즈냐prajñā'라는 낱말의 중국어 번역입니다.

반야심경은 줄여 부르는 말이고, 본래 이름은 '반야바라밀다심경般若波羅蜜多心經'입니다. '바라밀다'는 산스크리트어의 '파라미타paramita'라는 음을 한자로 옮긴 것입니다. 파라미타란 '완성'이라는 뜻입니다. 따라서 '반야바라밀다'란 '지혜의 완성'을 말합니다.

반야심경의 '심'은 '중심, 핵심'을 뜻합니다. 그러므로 '반야심경'이란 '지혜의 완성, 그 핵심을 설한 경전'이라는 뜻입니다.

붓다가 세상을 떠나고 500년쯤 지난 뒤부터 '반야'에 관한 가르침을 설한 경전이 많이 지어지기 시작했습니다. 그것들은 모두 'ㅇㅇ반야경'이라는 이름이 붙여지며, 크고 작은 여러 그룹이 만들어졌습니다. 《반야심경》도 그 그룹 가운데 하나입니다. 《반야심경》은 반야경 그룹 가운데서 가장 짧은 경이면서, 모든 불교 경전 가운데서도 가장 짧은 경입니다.

불교 경전은 방대합니다. 아주 많습니다. 그래서 불교를 알고자 마음먹은 사람이라도 그 많은 경전 앞에서 의욕이 꺾이기 쉽습니다. 하지만 《반야심경》은 짧습니다. 짧지만 그 안에 '지혜의 완성'과 그 정수를 담아놓은 놀라운 경전입니다. 지혜의 완성이란 곧 불교 자체를 말하기 때문에《반야심경》에는 불교의 정수가 들어 있고, 이것을 이해하면 불교의 본질을 알았다고도 할 수 있습니다.

붓다가
하고 싶은 말은
무엇이었을까?

무엇이 가장 시급한 문제인가?

세상에는 《반야심경》에 관한 해설서가 많이 나와 있습니다. 이 책도 그 가운데 하나입니다. 하지만 이 책은 다른 책과 내용이 다릅니다. 될 수 있는 한 전통적인 불교 용어를 쓰지 않고 일상어, 곧 나날의 말로 《반야심경》을 이야기하고 있다는 점에서 그렇습니다.

왜 그렇게 했을까요? 불교의 역사와 전통이 오래되다 보니 무슨 말을 해도 '낡았다'거나 혹은 '또 그 소리냐!'라며 들으려 하지 않기 때문입니다. 아울러 우리의 나날살이와는 먼 이야기, 관계없는 내용이라 여기기 때문입니다.

그렇지 않습니다. 붓다가 캐물었던 문제는 2천 년 이상 지난 지금 이 순간에도 우리들이 직면해 있는 문제입니다. 조금도 낡지 않았습니다. 하지만 불교 역사라든가 불교 경전의 해석 따위로 시간을 보내다 보면 나도 모르는 사이에 붓다가 가지고 있던 절박감이 사라지고 희미해져 버립니다.

붓다는 이렇게 말합니다.

어떤 사람이 독화살에 맞아 쓰러져 있다고 하자. 그때 화살을 뽑으려던 사람이 "잠깐 기다리라"라며 그 화살을 쏜 사람이 누구인지, 화살은 무엇으로 만들었는지, 나무로 만든 것인지 대나무 활인지, 제대로 구부렸는지, 화살의 깃털은 무엇으로 만들었는지 등 이 모든 것을 다 알고자 하면 어떻게 될 것인가? 화살에 맞은 사람은 온몸에 독이 퍼져 그 전에 죽어버릴 것이 틀림없다. 그러므로 이때 제일 먼저 해야 할 일은 화살을 뽑는 것이다. 그리하여 독이 몸 전체로 퍼지는 것을 막는 일이다.

그리고 이어서 이렇게 말합니다.

우주가 영원한지, 한계가 있는지 하는 문제는 바쁘지 않다. 2차로, 다음에 해도 된다. 생로병사, 슬픔, 괴로움의 불은 지금 이 순간에도 우리의 몸을 태우고 있다. 사

람은 먼저 이렇게 우리에게 닥쳐 있는 문제들에서 벗어
나기 위한 길을 닦지 않으면 안 된다.

화살에 비유한 경전《전유경箭喩經》은 이렇게 말합니다.

붓다는 알 필요가 있는 것을 가르쳤고, 알 필요가 없는
것은 가르치지 않았다. 그러므로 우리는 먼저 내게 무
엇이 가장 문제인지 알지 않으면 안 된다.

저는 이 책에서 불교 용어, 특히 한문을 될 수 있는 한
쓰지 않고 붓다가 편 가르침의 정수를 풀어보려고 애썼습니
다. '반야', '공', '고', '색즉시공' 같은《반야심경》의 핵심 키워
드, 곧 열쇠 말을 불교 문맥이 아니라 나날의 삶의 문맥에서
설명함으로써 그것이 이해됐을 때 비로소 '색즉시공'이 무
엇인지 알 수 있도록 하는, 그런 방식을 머릿속에 그리며 책
을 썼습니다.
　《반야심경》풀이는 맨 마지막에 놓았습니다. 그것은 '반
야'나 '고'나 '공'과 같은《반야심경》의 열쇠 말을 제대로 안
뒤가 아니면,《반야심경》은 아무리 읽어도 그 뜻을 알 수 없

다는 이유 때문입니다. 거꾸로 말하면, 제가 본문의 대부분을 써서 설명한 열쇠 말만 알면 《반야심경》 전체의 뜻을 저절로 알 수 있게 된다는 뜻이기도 합니다.

붓다의 가르침은 조금도 낡지 않았습니다. 오늘의 물리학이나 심리학, 혹은 심신의학이나 생태학 같은 현대 학문에 조금도 뒤지지 않습니다. 인류가 이제야 찾아낸 것을 붓다는 2천여 년 전에 벌써 발견한 것입니다. 인간성에 관한 붓다의 통찰은 놀랍습니다. 붓다의 발견을 넘어선다고 할 만한 것이, 아직까지는 없다고 해도 지나친 말이 아닙니다. 이런 놀라운 내용의 《반야심경》이 전통의 딱딱한 껍질에 쌓여 낡은 것으로 치부되며, 좁은 범위에서밖에는 영향력을 발휘하지 못하고 있습니다. 대단히 안타까운 일입니다.

붓다는 자신의 가르침, 곧 불교에 관해 '뗏목의 비유'라는 유명한 말을 남겼습니다. 붓다는 이렇게 묻습니다.

강을 건널 때, 곧 깨닫기 위해서는 뗏목이 도움이 된다. 하지만 그렇다고 해서 강을 건넌 뒤에도 그 뗏목을 메고 산길을 가는 사람이 있다면 그 사람을 우리는 현명한 사람이라고 할 수 있겠는가?

붓다는 나날살이의 문맥에서만 이야기했던 사람입니다. 저 또한 붓다를 본받아 이 책에서는 일상생활의 문맥에서 《반야심경》을 이야기하려고 합니다.

불교를
알기 위한
기초 지식

불교 경전은 어떻게 만들어졌을까?

하지만 《반야심경》에 관한 최소한의 기초 지식은 도움이 될 것 같아서 여기서 조금 소개하려고 합니다. 이 부분은 본문을 다 읽은 뒤에 돌아와 읽어도 되고, 흥미가 없는 분은 건너뛰어도 괜찮습니다.

붓다, 곧 '석가모니 부처님'은 역사상 실제로 살았던 인물입니다. 인도 사람으로 생몰년은 기원전 566년부터 486년이라는 설, 기원전 463년에서 383년이라는 설 등이 있지만 정확한 것은 알려져 있지 않습니다.

붓다는 글을 쓰지 않았습니다. 붓다가 세상을 떠난 뒤 제자들이 모여서 붓다가 한 말을 하나하나 생각해 내면서 정리한 것이 소위 '경經'입니다. 하지만 종이에 옮겨 적은 것은 아니고, 암송용 텍스트가 정비되었던 것입니다. 그것이 제자에서 제자로 전승돼 왔습니다.

이 시절의 경은 원시불교 경전이라 불립니다(우리가 손에 넣을 수 있는 것은 종이에 옮겨 쓰여진 뒤의 텍스트입니다. 기원전에서 기원후로 바뀔 무렵 그때까지 구전으로 전해져 오던 경이 종이로 옮겨졌습니다). 원시불교 경전은 붓다가 그때마다 설한 말씀이 원형에 가까운 모양으로 모여진 것입니다. 거기에 신화적인 것은 거의 없습니다. 붓다는 선생님으로 등장해 제자들과 대화를 합니다. 그 대화는 붓다가 가르치고자 하는 열의로 가득 차 있어 우리의 가슴을 설레게 합니다.

붓다 열반 후 약 100년 뒤부터 200년이 지날 무렵 불교 교단은 크게 둘로 갈라졌습니다. 두 교단 속에서도 작은 분열이 거듭됐습니다. 이런 성장의 역사 속에서 훗날 '대승불교'라고 불리는 불교가 태어났습니다.

대승大乘은 '커다란 탈거리', 소승小乘은 '작은 탈거리'라는 뜻입니다. 소승이 스스로 자신을 작은 탈거리라고 한 것은 물론 아닙니다. 대승이라는 신흥 그룹이 전통적인 불교 교단에 대해 '당신들은 소승에 지나지 않는다'라고 깎아내리며 한 말입니다.

전통적인 불교 교단은 붓다가 세상을 떠난 뒤, 승원에

서 수행이나 경전 연구 등에 몰두하고 있었습니다. 그 결과 경전의 한 자 한 자를 붙잡고 해석에 골몰하는, 종교가라기 보다는 학자가 돼버렸습니다. 그걸 보고 '수행을 한다고 하 지만 너희는 너희만 깨닫고자 하지 않느냐? 붓다가 그런 걸 바란 것은 아니지 않느냐? 그러므로 붓다의 정신을 바로 이 은 것은 우리다'라고 대승 쪽에서는 말했습니다.

대승 교단에서는 자신들의 그런 주장을 뒷받침하기 위 해 새로운 경전을 가질 필요가 있었습니다(전통적인 불교 교단 은 자신들이 원시불교 경전을 가지고 있기 때문에 자신들이야말로 정 통이라고 말하고 있었습니다). '반야경'은 그런 요청에 따라 만들 어진 경으로 대승불교의 바탕이 됩니다.

반야경은 크고 작은 여러 가지 형태로 만들어져 있습니 다. 먼저 기원전후 100년 사이에 《팔천송八千頌 반야경》이 만들어지고, 그것이 바탕이 돼서 《십만송 반야경》,《이만오 천송 반야경》 같은 방대한 경을 비롯하여 《금강반야경》,《반 야심경》 등 모두 합치면 마흔 가지를 헤아리는 반야경이 지 어졌습니다(《반야심경》이 만들어진 것은 기원후 300년부터 500년 사이로 추정됩니다).

반야경의 한문 번역은 이른 것은 기원후 300년 무렵부터 시작되어 그 뒤로 줄곧 이어져 왔습니다. 대표적으로 중국 당나라 현장 스님이 기원후 663년, 600권에 달하는 경전을 정리해서 번역한 《대반야바라밀다경大般若波羅蜜多經》이 있습니다. 이 책은 반야경 그룹의 집대성이라고 보면 됩니다. 우리가 접하는 《반야심경》도 현장 스님의 번역입니다.

대승과 소승에 관해 한마디 덧붙이면, 지금 말한 것처럼 대승불교 경전 자체가 소승(원시불교)과의 차별화를 위해 만들어진 것입니다. 그러므로 대승불교 경전이 하는 말만 들어서는 한쪽으로 치우치게 됩니다. 불교 자체가 붓다의 가르침이기 때문에 원형에 가까운 원시불교 경전을 빼고서는 불교를 말할 수 없습니다. 소승에 관한 연구 없이는 불교 연구가 되지 않는 것이 당연합니다.

반야경 그룹은 대승과 소승을 잇는 다리와 같은 위치에 있는 경전입니다. 《반야심경》은 그런 뜻에서도 귀중한 경전이라 할 수 있습니다.

우리말《반야심경》

觀自在菩薩^{관자재보살}

관자재보살(관세음보살)이

行深般若波羅蜜多時^{행심반야바라밀다시}

반야바라밀다를 깊이 수행할 때

照見五蘊皆空^{조견오온개공}

인간은 다섯 가지 요소로 이루어져 있는데

그 다섯 요소는 모두 실체가 없음을 확실히 알고

度一切苦厄^{도일체고액}

일체의 괴로움을 극복했다

舍利子^{사리자}

사리자여, 잘 들어보라

色不異空^{색불이공}

모양 있는 것(몸을 포함한 모든 물질적 현상)은

'공空'과 다르지 않고

33

空不異色공불이색

'공'한 것은 모양 있는 것과 다르지 않다

色卽是空색즉시공

모양 있는 것은 '공'하고

空卽是色공즉시색

'공'은 모양 있는 것을 만들고 있다

受想行識수상행식

수(감각 작용)·상(표상 작용)·행(표상에 따라 생기는 의사意思

작용)·식(인식 작용)으로 이루어져 있는 마음의 활동도

亦復如是역부여시

또한 모양 있는 것처럼 실체가 아니다

舍利子사리자

사리자여, 잘 들어보라

是諸法空相시제법공상

이와 같이 모든 것은 '공'한 성질을 피할 수 없으므로

34

不生不滅 불생불멸

나는 것도 없고 없어지는 것도 없고

不垢不淨 불구부정

더러운 것도 없는가 하면 깨끗한 것도 없고

不增不減 부증불감

늘어나는 것도 없는가 하면 줄어드는 것도 없다

是故空中無色 시고공중무색

이처럼 '공'의 세계에서는 모양 있는 것도 없는가 하면

無受想行識 무수상행식

감각, 지각, 표상, 의사, 인식 작용으로부터

이루어지는 마음도 없다

無眼耳鼻舌身意 무안이비설신의

눈도 귀도 코도 혀도 몸(촉감을 느끼는 곳)도

의(생각이 일어나는 곳) 등도 없고

無色聲香味觸法 무색성향미촉법

모양이나 소리나 향이나 맛이나

감촉이나 법(인식 대상) 등도 없고

35

無眼界乃至無意識界 무안계내지무의식계

눈과 그 눈으로 보여지는 것으로 만들어지는 세계도 없고
생각하는 주체와 생각되어지는 객체로 이루어지는
세계도 없고

無無明亦無無明盡 무무명역무무명진

무명도 없고 무명이 없어지는 것도 없고

乃至無老死亦無老死盡 내지무노사역무노사진

노사도 없고 노사가 다하는 일 또한 없다

無苦集滅道 무고집멸도

붓다가 가르쳐준 괴로움에 관한 네 가지 진리

(괴로움이 있음, 괴로움에는 원인이 있음, 괴로움을 없앨 수 있음,
괴로움을 없애는 데는 길이 있음)도 없고

無智亦無得 무지역무득

깨달음을 얻기 위한 지혜도 없고 또한
깨닫는다는 것도 없다

以無所得故 이무소득고

얻어야 할 것이 아무것도 없음으로

36

菩提薩埵보리살타

보살은

依般若波羅蜜多故의반야바라밀다고

반야바라밀다에 따라

心無罣碍심무가애

마음에 사로잡히는 일이 없다

無罣碍故 無有恐怖무가애고 무유공포

마음에 사로잡힘이 없으므로 공포도 없다

遠離一切顚倒夢想원리일체전도몽상

본말이 전도된 모든 것으로부터 벗어날 수 있어

究竟涅槃구경열반

절대적인 대안심의 경지에 이르는 것이다

三世諸佛삼세제불

과거, 현재, 미래의 모든 부처가

依般若波羅蜜多故의반야바라밀다고

이 반야바라밀다에 따라

得阿耨多羅三藐三菩提 득아누다라삼막삼보리

완벽한 깨달음을 얻으셨다

故知般若波羅蜜多 고지반야바라밀다

그러므로 다음 것을 알아야 한다

반야바라밀다는

是大神呪 시대신주

커다란 진언이고

是大明呪 시대명주

밝은 진언이고

是無上呪 시무상주

위 없는 진언이고

是無等等呪 시무등등주

견줄 것이 없는 진언이다

能除一切苦 능제일체고

능히 모든 괴로움을 없애주는

眞實不虛^{진실불허}

진실하고, 허위가 아닌 경이다

故說般若波羅蜜多呪^{고설반야바라밀다주}

이제 반야바라밀다 진언을 설하노라

卽說呪曰^{즉설주왈}

진언은 다음과 같다

揭諦揭諦^{아제아제}

가고 가서

婆羅揭諦^{바라아제}

저 언덕에 이른 자여

婆羅僧揭諦^{바라승아제}

저 언덕에 완전히 이른 자여

菩提娑婆訶^{모지사바하}

깨달음이여, 경사로세

자신의 행복은 타인의 행복과 별개가 아니다

행

복

나는 나를
정말
좋아하고 있을까?

세상에 경쟁과 다툼이 많은 이유

세상의 거의 모든 문제는 한 사람 한 사람이 마음속 깊은 곳으로부터 진짜 자기 자신을 사랑할 수 있다면 해결될 것이 틀림없습니다. 이 세상의 모든 적의, 불만, 부정적인 감정, 곧 모든 불행한 상태는 자기 자신을 사랑할 수 없는 데서 일어납니다.

'네 이웃을 사랑하라'라는 것은 자기 자신을 사랑하고 있는 사람에게는 쉬운 일입니다. 왜냐하면 이웃을 사랑하는 것이 자신에게도 이익인 것을 자신을 사랑하고 있는 사람은 잘 알고 있기 때문입니다. 이기적인 것이 이타적인 것과 일치하는 것입니다.

그러나 거의 모든 사람은 자기 자신을 '그다지 가치가 없는 인간'이라 여기고 자신을 마음 밑바닥으로부터 사랑할 수 없고, 받아들일 수 없습니다. 물론 의식적으로는 그렇게 생각하고 있지 않습니다. 하지만 마음속 깊은 곳에서 무의식적으로 그렇게 생각하고 있습니다.

이렇게 말하면 "바보 같은 소리 하지 마라. 난 나를 누구보다 사랑한다. 큰소리로는 말하지 못하지만, 남들이야 어찌 됐든 나는 나만 좋으면 된다고 여기며 살고 있다"라고 하는 사람이 있을 겁니다.

흔히 '나'라고 부르며 사랑하고 있는 것이 실은 '감정'에 지나지 않는다는 걸 많은 사람이 모르고 있습니다. 그것을 알길 바라는 것이 이 책의 목적이라고 해도 좋습니다. 그것을 알면 자신이 행복해지는 것이 타인이 행복해지는 것과 별개가 아님을 알게 됩니다. 세상의 모든 것은 이어져 있다는 것을 깨닫게 됩니다.

대부분 사람은 자신을 그다지 가치가 없는 인간이라 여기며 자신을 사랑하지 않고 있다고 저는 말했습니다. 왜 그런 말을 할 수 있는지, 이유를 말해 보겠습니다. 만약 '나는 가치가 없는 인간'이라고 여기고 있지 않다면, 거꾸로 말해서 '나는 가치가 있는 사람'이라 여기며 자신을 받아들이고 있다면, 세상에서 경쟁이라든가 다툼 따위가 사라져 버릴 것이기 때문입니다.

이 세상에 경쟁과 다툼이 있는 것은, 많은 사람이 '나는 가치 없는 인간이 아니다'라는 것을 증명하고자 필사적으로 애를 쓰고 있는 증거가 아닐까요? 남을 이기는 것, 일등이 되는 것, 남의 사랑을 받는 것, 남의 마음에 드는 것, 수많은 물건이나 돈을 소유하는 것 등으로 '가치 없는 인간'에서 '가치 있는 인간'으로 변신할 수 있다고 여기는 게 아닐까요? 그렇게 생각하고 있지 않다면 왜 그렇게 세상에는 경쟁이나 다툼이 많고, 모두가 거기에 참가하여 애면글면 겨루고 다투며 일생을 보내는 것일까요?

행복하다는 것

우리의 삶을 조금 돌아볼까요? 우리는 이제까지 자기가 바라는 걸 채우는 것, 예를 들어 물건이라면 그것을 내 것으로 만드는 것, 사람이라면 그 사람으로부터 애정이나 호의나 경의를 받는 것, 경쟁에서 이기는 것 등을 목표로 삼아 살아왔습니다. 그것을 부정하기 어렵습니다. 그 목표가 잘 이루어지면 기뻐하고(행복하다 여긴다), 잘 안 이루어지면 한탄하며(불행하다 생각한다) 살아왔다고 할 수 있습니다. 우리가 행복해지겠다며 목표로 삼고 있는 것 몇 개를 들어 생각해 봅시다.

내 집을 가진다

명문대학에 입학해 일류 기업에 취직한다

월급을 많이 받는다

브랜드 물품을 산다

결혼해 가정을 꾸린다

회사에서 과장, 부장, 임원 등으로 출세한다

업적을 쌓아 될 수 있으면 정상에 오른다

이것들은 많은 사람이 목표로 하는 것들로, 실현됐을 때 행복감이 주어질 테지요. 하지만 그것이 영원히 이어질까요? 이 가운데 하나가 실제로 내게 일어났다고 가정하고 생각해 봅시다. 예를 들어 과장이 됐다고 하죠. 한 달쯤은 하늘을 날아다니는 것 같은 기분이 이어질지 모릅니다. 그러나 그 상태에 익숙해지면 더는 그 일이 기쁘지 않게 돼 버립니다. 집에서나 회사에서나 과장이 되기 전에 일어났던 것과 다르지 않은 '바라지 않은 일'이나 '싫은 일'이 다시 일어납니다. 과장이 되면 먼저 지금까지보다 책임이 무거워지는 게 당연합니다. 실적을 올리기 위해 지금까지보다 더 많은 노력이 필요하고, 실적이 올라가지 않으면 그것이 더 큰 압박으로 다가옵니다. 부장에게 싫은 소리를 들으면 억울하다는 생각이 들 겁니다. 그런 일로 마음이 편하지 않으면 집에서도 너그럽게 행동하기 어렵습니다. 어쩌면 집에서 아침에 면도기가 안 보인다고 하는 따위의 사소한 일로 아내와 말다툼을 할지도 모릅니다.

이게 무슨 일일까요? 3개월 전만 해도 과장으로 승진하며 '행복'했습니다. 그런데 어느새 또 '불행'에 빠져버렸습니다. 이 사람은 이번에는 무엇을 목표로 하게 될까요?

과장은 상사와 부하 사이에 끼어 있는 불편한 자리라는 생각에서 새로운 꿈을 꿉니다. 부장이 되면 지금보다 훨씬 권위도 있고, 일을 통해 얻는 보람도 크리라고 생각하게 되겠지요. 그리고 과거에 과장이 되기 위해 휴일에도 쉬지 않고 일했던 것처럼, 이번에는 부장이 되기 위해 억척스럽게 일을 합니다. 아직 내 집을 갖지 않은 사람은 집이 없어 행복하지 않다며 죽기 살기로 애를 써가며 집을 얻는 데 시간을 쓸지 모릅니다.

누구나
괴로움과
싸우고 있다

끌없이 이어지는 행복을 위한 목표

앞에서 예로 들었던 것처럼 '출세한다', '집을 가진다', '큰 부자가 된다', '일류 대학과 일류 기업에 들어간다'와 같은 목표를 전부 이루었다고 하면 우리는 행복해질까요? 행복해 보이는 사람이 될 수 있을지는 모릅니다. 내가 손에 넣을 수 없는 것을 얻은 사람은 부럽습니다.

하지만 일류 기업에 다니는 사람이 모두 행복할까요? 그 가족도 행복할까요? 실상은 아무도 모릅니다. 엄청난 경쟁 속에서 스트레스로 마음의 병을 앓고 있는 사람도 많이 있습니다. 출세 경쟁에서 지지 않기 위해 어린 자식들과 함께하는 시간(두 번 다시 오지 않는 시간입니다)을 갖지 못하고, 그 귀한 시간을 희생하는 사람도 있습니다.

우리가 먼저 알아야 할 것이 있습니다. 우리는 수많은

가능성을 가진 한 사람의 인간으로 살기 위해 이 세상에 태어났습니다. 어떤 한 기업의 인간이 되기 위해 태어난 게 아닙니다. 우리는 그처럼 하찮은 존재가 아닙니다. 만약 당신이 자신을 보잘것없는 존재라고 느끼고 있다면, 그것은 당신이 스스로를 그렇게 한정해 버리고 있기 때문입니다.

학생은 학생대로 점수 편차로 자신의 가치가 매겨지는 경쟁 사회 속으로 끊임없이 쫓겨 가고 있습니다. 낙오하고 싶지 않다는 일념으로 '나'를 잃어버리고, 한 발이라도 위로 올라가기 위해 달립니다. 그 결과 대학에 들어가지만, 그 뒤는 어떤가요?

학생 중에는 소망이, 곧 마음속 깊은 곳으로부터 이루고 싶은 것이 없는 이들이 많습니다. 그러다 보니 마음속이 공허합니다. 그들은 이렇게 생각합니다. 졸업하고 회사에 들어가면 그때부터 자유는 없다, 놀아서는 안 되고 놀 수도 없을지 모른다. 그러니 취직에 지장이 없을 만큼만 공부를 하자. 그리고 나머지 시간에는 실컷 놀며 지내자고 생각합니다.

이들은 잘 못 시작하고 있습니다. 보람 있게 살기 위해서는 어떻게 해야 하는지, 배움의 본질이 무엇인지 아는 일을 시작부터 방기하고 있습니다. 그래서는 행복해질 수 있

48

을 리가 없습니다. 기업의 일원이 되어도 학생 때처럼 경쟁에 휘말려 들어가며 자신을 잃어버리고 살기 쉽습니다.

그럼 큰 부자는 행복할까요? 그들은 늘 마음이 안정돼 있을까요? 대부분의 부자는 자산을 더 늘리려고, 혹은 지금 가진 자산을 잃어버리지 않으려고 필사적입니다. 돈이 많은데 왜 그러고 사는지 보통 사람은 이해가 안 갑니다. 그런 생각이 들 만큼 위험을 무릅쓰고 재테크에 몰두하며 쩨쩨하게 사는 사람이 많습니다. 돈에 사로잡힌 사람의 얼굴은 얼이 빠진 듯하고, 여유 또한 없습니다.

사람들은 큰 부자 또한 그렇게 행복하지 않다는 것을 어느 정도는 알고 있습니다. '부자=행복'이라면 해마다 발표되는 고액 소득자 순위 그대로가 행복 순이 되겠지요. 하지만 누구도 그렇게 생각지 않습니다. 큰 부자가 된 사람은 적기 때문에 그들은 행복하지 않을까 하는 짐작을 해볼 뿐입니다.

어두운 상태無明로는 행복해질 수 없다

모든 분야에서 이렇게 말할 수 있습니다. 우리는 바깥에서 구합니다. 위로 올라가면 행복해질 수 있다고 믿습니다. 그러나 바깥의 가치를 추구하는 한 위든 아래든 한번 그 자리에 몸을 두고 나면 곧 사정은 같아집니다. 기쁨이나 행복도 열흘, 혹은 한 달입니다. 이렇게 우리는 자신이 놓인 상황 속에서 모두가 괴로움과 싸우고 있습니다.

그럼에도 불구하고 거의 모든 사람이 무의식 속에서 변함없이 '행복해지기 위한 목표', 바꿔 말하면 '내게 만족감과 기쁨을 주리라 여겨지는 것'을 끝없이 좇아가는 삶을 삽니다. 그 방식을 멈출 수 없습니다.

좌우간 위로 올라가기만 하면, 목표에 도달만 하면 행복해지지 않을까 하는 기대를 버리지 못하고 있습니다. 그런 기대 아래 무엇엔가 쫓기듯이, 몰리듯이 우리는 지금까지와 같은 삶을 살고 있습니다. 그러나 현실은 늘 우리의 기대를 저버립니다.

붓다는 이런 상태를 '무명無明, 무의식의 덩어리=무지=무자각'이라 부릅니다. 그리고 그것이 '괴로움'의 진짜 뿌리라고 말합니다. 붓다는 이런 삶의 방식, 곧 무명 상태에서는 행복해질 수 없고, 또 잠시 행복해진다고 해도 그 행복이 계속 이어지지 않는다는 것을 알았습니다.

스스로

그 행위를

멈출 수 없다면

자유롭지

못한 것이다

괴

로

움

괴로움 속에
살아가는
'나' 자각하기

괴로움에 관한 네 가지 진리

붓다의 중심 테마는 '행복'이었습니다. 어떻게 하면 행복해질 수 있을까, 다시 말해 괴로움으로부터 벗어날 수 있을까하는 문제의식으로 일관했습니다. 그가 찾았던 것은 행복의 노하우였지 철학도, 학문도 아니었습니다. 실제로 행복해지지 않는다면 불교는 무의미한 것입니다.

붓다의 가르침은 이론적으로는 여러 가지 어려운 면이 있지만, 실천적인 문제의식에서 보았을 때는 괴로움으로부터의 탈출 방법에 지나지 않습니다. 그리고 그것은 '괴로움에 관한 네 가지 진리'에 집약돼 있다고 보면 틀림없습니다.

붓다는 '어떻게 하면 사람이 행복하게 살 수 있을까'라는 길을 밝혔을 뿐, 그 밖의 일에는 관심이 없었습니다. 그러니 후세의 학자가 이것저것 해석해서 어렵게 만들어 놓은 불교 이론 따위에는 빠지지 않도록 합니다.

괴로움에 관한 네 가지 이론이란 다음과 같습니다.

1. 이것은 괴로움이다(라고 알아차려 주십시오)

→ 나는 괴로움 속에 있다는 것을 알아차리는 단계

2. 이렇게 괴로움이 일어난다(라고 알아차려 주십시오)

→ 괴로움이 일어나는 얼개를 아는 단계

3. 이것은 괴로움이 없는 상태이다(라고 알아차려 주십시오)

→ 괴로움이 없는 상태가 어떤 것인지 알고,

나도 거기에 이를 수 있다는 확신을 갖는 단계

4. 이것은 괴로움을 없애기 위한 방법이다(라고 알아차려

주십시오) → 훈련법을 실천하는 것이 행복에 이르는

길임을 깊이 이해하고, 그것을 실천해 가는 단계

붓다는 이것을 '네 가지 성스러운 진리'라 불렀습니다.
한문 번역에서는 '고집멸도苦集滅道', 혹은 '사성제四聖諦'라

고 합니다. 붓다의 문제의식은 근본적으로 이 네 가지가 핵심이라고 해도 지나치지 않습니다. 이것이 붓다의 실천적 행복론입니다.

괴로움이란 무엇인가?

먼저 하고 싶은 말이 있습니다. 괴로움이란 과연 무엇이냐 하는 문제입니다. 불교의 열쇠 말이라고 해야 할 이 말이 뜻밖에도 아직까지 정확히 규정돼 있지 않습니다. 고苦라는 한자는 고통, 고뇌라는 주관적인 감정의 뉘앙스가 강합니다. 하지만 산스크리트어 원문인 'Dukkha'는 차축과 차륜 사이의 틈에 탈이 생겨 잘 돌아가지 않는 상태를 일컫습니다. 요컨대 무엇인가 잘 안 되고 있는 상태, 불만족한 상태, 어긋나 있는 상태, 조화롭지 않은 상태, 안정이 안 돼 있는 상태를 나타냅니다. 영역에서는 'Suffering'이라고 번역하는 경우가 일반적이지만, 'Unsatisfactory'라고 한다거나 번역하지 않고 Dukkha를 그냥 쓰는 사람도 있습니다.

따라서 괴로움이란 무언가 잘 안 돼 가고 있는 상태, 안정이 깨진 상태를 이르는 말이라고 보면 좋을 겁니다. 그러니 가능하면 '고苦'라는 한자가 가진 '고통이나 고뇌'와 같은 주관적인 뉘앙스에 붙잡히지 말기 바랍니다.

생각해 보면 '네 가지 성스러운 진리'는 의학에서 몸에 생긴 병을 고칠 때의 상황과 같다고 할 수 있습니다. 왜 그럴까요? 병은 어떻게 발견되나요? 환자의 자각으로부터입니다. 환자 자신이 내 몸 어딘가가 이상하다, 수상하다고 자각하는 것이 시작입니다. 그런 자각이 있을 때 몸의 경우라면 병원에 가고, 마음의 경우라면 자신의 인생에 관해 고쳐 생각해 본다거나 하면서 치료가 시작되는 것입니다. 따라서 이 '제1 단계의 알아차림'이야말로 행복으로 가는 커다란 한걸음이라고 할 수 있습니다.

이렇게 중요한 '알아차림'이 언제 어떤 상태에서 일어나는가는 사람에 따라 천차만별입니다. 아주 작은 조짐만으로도 자각을 할 수 있는 사람이 있는가 하면, 아무 자각 증상이 없는 채 병이 깊어져 있는 사람도 있습니다. 이 점에서도 몸의 병과 똑같습니다.

기업에서 줄곧 어려움 없이, 순조롭게 승진과 출세를 하던 사람이 정년을 맞아 삶의 목표를 잃고 정신이 불안정해지는 사례가 최근 늘어나고 있습니다. 이런 사람들은 현실에 너무 적응해 버린 결과, 자신의 삶을 폭넓고 다양하게 바라볼 수 있는 기회를 갖지 못한 채 나이를 먹어버린 겁니다. 기업이라는 안전장치에 깊이 젖어 있는 동안에는 전혀 자각 증상이 없었던 것이지요.

그와는 반대로 젊어서, 예를 들어 30대나 40대에 어려운 일을 당했던 사람은 당시에는 충격이 심하지만, 회사만이 아니라 다른 데서 인생을 보는 기회를 일찍이 가질 수 있었기에 다른 사람이 정년을 맞아 우왕좌왕할 때 유유자적할 수 있습니다. 조기 발견의 효과가 나타났다고 해도 좋겠지요. 우리 인생은 무엇이 행운이 될지 최후의 최후까지 알 수 없습니다.

괴로움은
왜 일어나는
걸까?

내가 바라고 있다는 착각

괴로움 속에 있다고 자각한 다음 단계는 괴로움이 왜 일어나는지, 그 이유를 알아채는 단계입니다. 몸의 병이라면 의사가 여러 가지 진료를 해줄 테지만, 괴로움(불행)의 경우는 남에게 맡길 수 있는 게 아닙니다. 스스로 알아채지 않으면 안 됩니다.

그렇다면 괴로움의 원인은 무엇일까요? 앞에서 말했듯이 붓다는 그것을 '무명'이라고 말합니다. 무명이란 무지한 상태, 곧 알아채지 못한 상태를 말합니다. 무엇을 알아채지 못하고 있는가 하면, 자신이 여러 가지 일에 사로잡혀 그것들에 쫓기며 살고 있다는 사실입니다.

실제로는 여러 가지 일에 속박되어 그것들에 내몰리며 살고 있는데, 그 사실을 깨닫지 못하고 자유롭게 살고 있는 것처럼 생각하고 있는 상태를 붓다는 무명이라고 말했습니다. 우리는 여러 가지 목표를 가지고 살고 있습니다. 앞에서 열거해 보았던, 대부분 사람의 행복 리스트를 다시 한번 들여다봅시다.

내 집을 가진다

명문대학에 입학해 일류 기업에 취직한다

월급을 많이 받는다

브랜드 물품을 산다

결혼해 가정을 꾸린다

회사에서 과장, 부장, 임원 등으로 승진한다

업적을 쌓아 될 수 있으면 최고가 된다

우리는 이런 목표를 내가 '바라고 있다'라고 알고 있습니다. 당연한 이야기입니다. 나 이외의 누가 바라고 있는 게 아니고, 내가 바라고 있기 때문입니다. 그러므로 우리는 이것을 내가 바라는 것이라고 굳게 믿고 조금도 의심치 않습니다.

그러나 붓다는 그것이 '내 욕망'이 아니라고 말합니다. '내 욕망'이라고 할 수 있는 것은, 우리가 그것을 바랄 수도 있지만 바라지 않을 수도 있는 경우에만 그렇게 말할 수 있기 때문입니다. 바라기만을 할 수 있을 때, 곧 바라는 것을 멈출 수 없을 때는 '내가 바라고 있는' 것이 아닌 '욕망에 사로잡혀 있는' 상태라는 겁니다.

이런 상태를 '탐욕', 곧 탐내는 마음이라고 합니다. 무엇인가를 바라고 있을 때 우리는 내가 무엇인가에 속박돼 있다는 것을 어렴풋하게나마 느낍니다. 내 의지로는 욕망하지 않는 것이 불가능하기 때문입니다.

출세하고 싶다, 돈을 더 가지고 싶다……

저 사람과 결혼하고 싶다……

저것이 갖고 싶다, 이것도 갖고 싶다……

이것만 있으면……

저 녀석은 마음에 들지 않는다……

저 녀석만 없으면……

행복해지려고 우리가 내걸고 있는 목표는 거의 모두가 '욕심'이라고 해야 할 것들입니다. 우리는 그것들을 내가 원하고 있다고 믿습니다. 하지만 그와 동시에, 그것을 바라지 않을 수 없음이 증명하듯 내가 '무엇엔가 움직여지고 있다, 조종되고 있다'라는 자각을 어렴풋하게나마 느끼기도 합니다.

새 차를 소개하는 광고지를 본다거나, 아파트 광고를 본다거나 할 때 우리는 나이지만 내가 아닌 상태에 들어가 있습니다. 내 힘으로는 지금 나를 움직이는 욕망을 멈출 수가 없기 때문입니다. 유명 브랜드 상품을 충동적으로 산 사람도, 보이는 대로 여러 가지를 사고 카드 지옥에 빠져 버린 사람도, 알코올 중독이 돼 버린 사람도, 모두 스스로 자신을 멈출 수 없는 것입니다.

이 욕망 상태가 강해지면 범죄를 저지르게 됩니다. 너무나 갖고 싶은 나머지 남의 물건을 훔치는 사람이 있는가 하면, 치한이 되는 사람도 있습니다. 순간을 못 참고 사람을 죽이는 사람조차 있습니다. 이런 사람은 자신이 하는 일을 제 힘으로는 멈출 수 없을 뿐만 아니라 그 정도가 지나친 상태에 이른 사람입니다.

욱해서 살인을 저지른 사람은 스스로 자신을 멈출 수 없었는지 모릅니다. 하지만 세상에는 면밀한 계획 아래 보험을 들고 아내를 죽이는 사람도 있습니다. 그런 행동은 의식적으로 하는 행위이기 때문에 멈추자고 하면 멈출 수 있지 않느냐, 그렇게 생각하는 사람도 있을지 모릅니다.

하지만 내용은 같습니다. 양쪽 다 자신의 행위를 '멈출 수 없다'라고 하는 점에서는 다를 바가 없습니다. 보험을 들고 아내를 죽이는 일은 의식적으로 하려고 한다고 해서 할 수 있는 일이 아닙니다. 보통 사람에게 그런 일은 불가능합니다. 그 일이 얼마나 못 할 짓인지, 해서는 안 될 짓인지를 보통 사람이라면 잘 알고, 혹은 잘 '알아차리고' 있기 때문입니다.

범죄를 저지르는 사람은 우리가 무엇인가를 바라거나 욕심을 낼 때의 '나이면서 내가 아닌 상태'가 양적으로 확대돼 있다고 해야 할 것입니다. 하지만 질적인 면에서는, 자신을 잃어버리고 있다는 점에서는 차이가 없습니다.

강한 욕망에 끌릴 때만이 아닙니다. 화나 분노와 같은 강렬한 감정에 몰려 있을 때도 우리는 나이면서 내가 아닌 상태에 빠지게 됩니다. 그 상태에서는 다음에 무슨 일을 하면 좋을지 모릅니다. 악수를 두기 쉽습니다. 후회할 행동을 하기 쉽습니다.

화라는 감정은 방향이 바뀐 '욕망'이라고 할 수 있습니다. 왜 그럴까요? 욕망이 바라는 것을 얻고자 하는 욕심 때문에 자신을 멈출 수 없는 상태라면, 화는 자신에게 불쾌한 것을 배제하고자 하는 충동에 지배당해 스스로를 멈출 수 없는 상태를 말하기 때문입니다.

정말 나는
자유롭게
살고 있을까?

나이면서 내가 아닌 상태

우리는 내가 바라는 대로, 살고 싶은 대로 자유롭게 살고 있다고 생각합니다. 하지만 사실은 그렇지 않습니다. 그때마다 종류는 다르지만, 온갖 것이 우리를 속박하고 움직이고 있습니다. 우리는 '나이지만 내가 아닌 상태'에 빠져 조금도 자유롭게 살지 못하고 있습니다.

"그럴 리가요? 나는 내키는 대로 자유롭게 사는걸요. 불쾌하게 구는 놈이 있으면 패주고, 갖고 싶은 게 있으면 사고, 그렇게 살아요"라고 말하는 사람이 있을지 모릅니다. 그런 분은 앞에서 제가 쓴 글을 다시 한번 읽어주기 바랍니다. 어떤 행동을 할 때 스스로 그 행위를 멈출 수 있다면, 그 사람은 자신의 자유로 그 행위를 했다고 볼 수 있습니다.

하지만 아무리 주관적으로 '내가 좋아서 하고 있다'라고 하더라도, 어떤 행위를 할 때 그 행위를 멈출 수 없다고 한다면 그것은 조금도 자유로운 행위라고 할 수 없습니다. 그렇지 않나요? 그 밖의 행위를 취할 수 없다면, 그 순간 그 사람은 자유가 아니라 무엇인가에 조작당하고 있다고 해야 합니다.

내일 중요한 회의가 있다고 합시다. 그런 날 전날에는 대개 회의에서 발표를 잘할 수 있을까 하는 걱정으로 잠을 설치거나 합니다. 그때 우리는 나의 '자유로' 잠을 제대로 못 자는 걸까요? 그렇지 않지요? 역시 '나이지만 내가 아닌 상태'에 빠져 자지 않으면 안 된다는 걸 잘 알면서도 잘 수 없는 것입니다. 스스로를 통제할 수 없는 겁니다.

무대 위에서 얼어버린 상태가 됐을 때는 어떤가요? 극단적인 예로, 피아노 경연 대회에 나온 한 참가자가 너무 긴장한 나머지 자기도 모르게 피아노 건반 위에 앉아버린 일도 있었다고 합니다. 그 사람이 자기가 좋아서, 바라서 그런 행동을 했을까요? 그럴 리 없겠지요. 그때 그 사람은 그 행동밖에 할 수 없었던 겁니다. 그는 스스로 자신을 컨트롤할 수 없었습니다. 자유롭지 못했습니다.

다른 예를 들어보겠습니다. 어떤 사람이 누군가에게 이유 없이 큰소리로 욕을 먹었다고 합시다. 그럴 때 그는 화가 납니다. 그런데 그때 그는 자유 의지로 화를 내는 걸까요? 아니지요. 그때 그는 화라는 행동밖에 취할 수 없는 겁니다.

지금까지 여러 가지 예를 들어보았습니다. 우리는 주관적으로는 스스로 좋아해서 '자유롭게' 살고 있다고 생각하지만, 그렇지 않은 일이 많다는 사실을 이제 아셨으리라 생각합니다.

세상에

완벽히 독립적인

존재란 없다

공空

**홀로
존재할 수 있는 것은
없다**

공이란 무엇인가?

우리는 철두철미하게 조건 지어진 존재입니다. 세상에는 우리가 통제할 수 없는 힘이 늘 작동하고 있습니다. 우리는 그 힘에 늘 휘둘리며 살고 있습니다. 이런 상태를 불교에서는 '공空'이라고 표현합니다. 그것은 이 세상에 존재하는 것은 무엇이나 '실체가 아니다'라는 뜻이기도 합니다. 실체가 아니라는 게 무슨 뜻일까요? 그것은 다른 것의 힘에 영향을 받지 않고, 자신의 힘만으로 움직이는 독립된 존재는 이 세상에 아무것도 없다는 뜻입니다.

앞에서 제가 줄곧 말한 것도, 다르게 말하면 '나는 실체가 아니다'라는 것이었습니다. 나는 철두철미하게 조건 지어져 있습니다. 우리는 내게 기쁨을 주는 것에 집착하고, 슬픔을 불러오는 것에 반발하면서 살고 있습니다. 하지만 자신의

70

머리로 그와 같이 판단하고 선택하고 있는 게 아닙니다.

만약 내 머리로 판단하고 선택한 것이라면, 우리는 무엇인가로 향하는 그 욕망을 멈출 수 있어야만 합니다. 하지만 우리는 우리의 힘으로 멈출 수가 없습니다. 자아는 실체가 아니기 때문입니다. 바꿔 말하면 자아는 '공'하기 때문입니다.

불교를 자꾸 줄여 가면 '공' 하나로 집약됩니다. 하지만 이 '공'이 만만치 않습니다. 한편 '공'의 뜻을 머리로 이해한다거나 알고 있다고 해도, 그것만으로는 삶이 바뀌지 않습니다. 그렇다면, 우리의 나날살이에서 변화가 일어나지 않으면, 불교 따위 아무리 공부해도 의미가 없습니다.

거꾸로도 말할 수 있습니다. 나날의 삶에서 변화가 일어난 사람은 불교의 경전이나 책 한 줄 읽은 적이 없다고 해도 '공'을 잡은, 이해한 사람이라고 해도 틀리지 않습니다. 그는 공을 '체득한' 사람, 혹은 불교의 전통적인 문맥에서 말하면 공을 '깨달은' 사람이라 해야 합니다. 어찌 됐든 핵심은 깊게 이해해야 한다는 것입니다. 깊게 이해하면 반드시 삶의 방식이 바뀝니다. 그것이 '공'이자, '공의 힘'입니다.

공을 어떻게 이해해야 할까?

어떻게 하면 '공'을 이해할 수 있을까요? 그 이야기를 하고 싶어 좀이 쑤시지만, 유감스럽게도 그 질문에는 답을 할 수 없습니다. 도서관에 있는 많은 책이 모두 '공'이 무엇인지 이야기하고 있다고 해도 '공'을 다 설명할 수 없고, 어떤 사람이 그 책을 모두 다 읽었다고 해도 바로 생활이 바뀌지도 않습니다.

이것을 거꾸로 생각해 보면 '일체가 공'이라고 한마디 할 뿐, 그 뒤에는 아무 말도 하지 않고 끝낼 수도 있다는 겁니다. 경전 중에는 점점 더 방대해져 가는 것이 있는가 하면, 끝없이 한 마디에 가까워지는 것이 있습니다. 《반야심경》이 후자의 대표적인 경전임은 두말할 것 없습니다.

물론 《반야심경》이 한 마디는 아니지만, 겨우 262자밖에 안 됩니다. 이렇게 적은 글 속에 '공'이라는 낱말이 여러 번 등장합니다. 더욱이 경의 가운데쯤 나오는 말에는 모두 '무無'라는 부정사가 붙어 있습니다. 우리말로 바꾸면 '~도 없고, ~없다'와 같이 돼 있습니다. 이런 이유로 《반야심경》에서 '무'는 오로지 부정을 위해서만 얼굴을 내밀고 있다는 느낌이 듭니다.

《반야심경》은 한 마디가 아니지만, 끝없이 한 마디에 가까운 경전입니다. "'공'은 수만 언어를 써도 설명할 수 없을 뿐만 아니라 이해할 수도 없다. 그렇다면 단 262자라도 수만 언어와 아무런 차이가 없지 않느냐, 이것으로 충분하지 않느냐, 여기에 무슨 불평이 있느냐"라고 하는 극단적인 태도를 취하고 있는 경전이《반야심경》입니다.

확실히 박력이 있습니다. 하지만 짧은 글 속에 '공'과 '무'가 이어서 나오고 있습니다. 그러므로 이것을 읽고 알라고 말하는 쪽이 오히려 무리한 요구입니다. 짧기 때문에 쉽게 읽을 수 있지만, 이것을 읽고 무엇인가 알았다면 그쪽이 오히려 이상할 정도입니다.《반야심경》은 처음부터 이해되는 것을 거절하고 있는 듯이 보입니다. 그런 글쓰기를 하고 있습니다.

사람들은 조금이라도 알아보려고《반야심경》해설서를 사봅니다. 하지만 해설서는 '버들은 푸르고, 꽃은 붉으니 자연 그대로 좋다'든가, '본래의 자기를 보라'든가, '집착을 버려라' 같이 알 것도 같고 모를 것도 같은 알쏭달쏭한 말들로 가득합니다. 아무리 읽어도 알 수가 없습니다. 집착을 버리라고 하지만 어떻게 버리면 좋을지 알 수 없습니다. 그 점에 관한 언급이 없기 때문입니다. 또한 그렇게 간단히 버릴 수 있는 것이라면, 이 세상의 모든 괴로움은 진작에 없어졌을 겁니다.

공의 배경에 불행의 원인인 괴로움이 있다

이 책에서는 될 수 있는 한 나날살이의 말을 써서, 요컨대 전통적인 불교 용어는 쓰지 않고 '공'을 설명해 보려고 합니다. 미리 말해 두지만, 저는 이 책에서 '공'의 철학적 해명을 하고자 하는 게 아닙니다. 그런 책은 이미 아주 많이 나와 있으니까요. 그 일은 그쪽에 맡겨 둡니다. 하지만 제가 철학적 해명을 하지 않는 것은 이런 소극적인 이유 때문만이 아닙니다. 붓다 스스로 자신을 철학자라고 규정하지 않기 때문입니다. 그의 관심은 오직 하나였습니다. 사람은 어떻게 하면 행복하게 살 수 있을까, 그것밖에 없었습니다. 그 밖의 것은 붓다에게 아무래도 좋았습니다.

'공'이란 말은, 다만 실체가 아니라는 것(모든 것은 이어져 있다)만을 뜻하는 낱말이 아닙니다. 이 말이 나온 배경에는 늘 인간이 안고 있는 불행의 문제가 있습니다. 불교 용어로 말하면 고苦, 곧 '괴로움'의 문제입니다.

《반야심경》의
세 가지 열쇠 말,
괴로움·공·반야

불교의 정수가 집약돼 있는 《반야심경》 첫머리

앞에서 불교를 줄이고 줄이면 '공'에 이르게 된다고 말했습니다. 거기에 서둘러 다음과 같은 말을 덧붙여야겠습니다. 요컨대 제가 '공'에 대해 생각하거나 말할 때 늘 염두에 두는 것은 괴로움의 문제를 해결하고자 하는 붓다의 자세입니다. 괴로움의 문제와 떨어진 '공'은 헛소리거나 허언이 돼 버리기 때문입니다. 불교에서 '공'이란 말이 현실감을 가지는 것은, 그것이 '괴로움'과 한 세트, 한 짝이기 때문입니다. 《반야심경》에서도 '공'이란 말은 '괴로움'이란 말과 한 짝이 되어 등장합니다. 그 부분을 읽어 보겠습니다. 앞머리 부분입니다.

觀自在菩薩 行深般若波羅蜜多時
관자재보살 행심반야바라밀다시

照見五蘊皆空 度一切苦厄

조견오온개공 도일체고액

 풀이하면 다음과 같습니다.

관자재보살이 반야의 지혜를 완성하기 위해 깊이 수행
하고 있을 때 오온, 곧 이 세상에 존재하는 모든 것은
'공'하다는 걸 깨닫고 (통찰하고) 그에 따라 모든 괴로움
을 극복했다.

《반야심경》의 정수, 나아가 불교의 정수가 이 한 문장
에 집약돼 있다고 말해도 지나치지 않습니다. '공'과 '괴로움',
그리고 그것을 잇는 '반야의 지혜'가 이 짧은 글 속에 모두 나
와 있기 때문입니다.

불교의 주제는 괴로움으로부터의 탈출입니다. 이 점을
늘 잊지 맙시다. 그러지 않으면 불교는 공연히 어려운 철학
이 되거나 애매모호한 설교가 돼 버리기 때문입니다.《반야
심경》첫머리의 이 구절도 '괴로움'이라는 테마에 따라 읽어
나가야 합니다. 요컨대 '度一切苦厄(모든 괴로움을 극복했다)'

에 악센트를 두는 겁니다(사실 이 문장은 산스크리트어 원문에는 나오지 않습니다. 한문으로 옮길 때 덧붙인 문장입니다. 번역자의 생각이 들어간 의역이지요).

그러면 '度一切苦厄'을 위해 필요한 게 무엇일까요? '照見五蘊皆空'이라고 《반야심경》은 말합니다. 모든 것은 '공'하다는 통찰이 필요하다는 겁니다(오온五蘊은 인간을 구성하는 다섯 가지 구성 요소라는 뜻으로 '색'과 '수·상·행·식' 다섯 가지를 이르는 말입니다. 이에 대해서는 뒤에 자세히 설명하겠습니다. 지금은 색은 물질, 수·상·행·식은 정신을 이르는 말이라는 정도로 받아들이시면 되겠습니다. 즉 오온은 '모든 것'을 뜻합니다).

그렇다면 그런 통찰, 곧 깨달음을 얻기 위해서는 무엇이 필요할까요? 바로 '반야바라밀다', 다른 말로 '반야의 지혜를 완성'해야 합니다(반야는 '반야의 지혜', 바라밀다는 '완성'이란 뜻으로 둘 다 산스크리트어의 음을 그대로 한자로 바꾼 것입니다).

반야의 지혜를 완성하는 과정은 영원하다

반야의 지혜를 완성하면 존재하는 모든 것이 공하다, 실체가 아니다, 이어져 있다는 사실을 체득할 수 있고, 그에 따라 괴로움을 없앨 수 있다는 겁니다. 말하자면 '반야의 지혜'는 괴로움에 대한 약처럼 효과가 있다는 얘기지요. 실제로 《반야심경》 뒷부분에 '能除一切苦(능히 일체의 괴로움을 없앤다)'라는 약품의 효능서와 똑같은 글이 나옵니다.

다시 말하지만 '괴로움'과 '공'과 '반야', 이 세 가지가 키워드입니다. 이 세 가지를 알면 불교를 알았다고 해도 좋습니다. 다만 그 앎에는 깊고 낮음이 있어, 그것을 깊이 체득해 가는 데 붓다조차 자신의 일생을 바쳤습니다.

반야의 지혜를 완성해야 한다고 하지만, 실은 '반야의 지혜'는 완성할 수 없습니다. 완성을 목표로 나아가는 과정이 영원히 이어질 뿐이라는 것을 덧붙여 말해 둡니다.

나를
아는 것이
반야의 지혜

반야의 지혜만이 '나'에 대한 물음에 답을 준다

그럼 반야의 지혜란 무엇일까요? 반야의 지혜란 간단히 말하면 '자신을 알아차리는 것'입니다. 자신을 알아차린다는 것은 화가 날 때 '나는 지금 화가 나 있다'라고 알아차리고, 슬플 때 '나는 지금 슬퍼하고 있다'라고 알아채는 것입니다.

이것이 왜 중요한 지혜일까요? 아마도 많은 사람이 의문이 들 겁니다. 그 점에 대해 다른 해설서에는 매우 달콤한 말이 쓰여 있다는 소리도 들려옵니다. 틀림없이 여러 해설서에는 '분석하는 지혜에 대해 무분별의 지혜, 전체를 보는 지혜, 깨달음에 이르는 지혜'와 같은 말이 쓰여 있을 겁니다.

하지만 묻습니다. 그 설명으로 무엇을 알았나요? 우리의 나날살이와는 관계가 없는 지혜구나, 하는 모호한 인상을 받으며 그대로 지나치지 않았나요?

다시 말합니다. 매 순간 무엇을 느끼는지, 어떻게 느끼는지를 아는, 자각하는 지혜가 '반야의 지혜'입니다. 반야의 지혜가 왜 그렇게 중요한가 하면, 이 지혜만이 '나는 어떤 사람인가?' 하는 물음에 답을 가져다주기 때문입니다.

알아차리려면 거리를 두어야 한다

앞에서부터 줄곧 말해 왔듯이 우리는 조건 지어져 있는 존재입니다. 강한 집착이나 감정에 사로잡혀 있을 때는 스스로 자신이 하고 있는 일을 멈출 수 없습니다. 그런 존재입니다. 그런데 왜 그만두지 못하는 걸까요?

자신의 감정이나 욕망에 대한 '자각'이 없기 때문입니다. 요컨대 어떤 감정을 느끼고 있을 때 우리는 그 감정을 '깨닫지' 못하고 있습니다. '알아채지' 못하고 있습니다. 그것이 원인입니다.

예를 들어 자신이 부당한 취급을 받았다고 여겨질 때(편의상 '받았다'라고 썼지만 보통 이 과정은 무의식입니다), 우리는 순간적으로 화가 납니다. 기쁠 때도 그렇습니다. 우리는 무의식 속에서 기뻐합니다. 그때는 '나는 기뻐하고 있다'라고 하는 의식이나 자각이 없습니다. 기쁨과 하나가 돼 있기 때문입니다. 다른 모든 감정도 이와 같습니다. 우리가 어떤 감정을 느낄 때 우리는 그 감정과 하나가 돼 있습니다. 화가 날 때도 화와 하나가 돼 있기 때문에 '나는 화가 나 있다'라는 걸 알아챌 수 없는 것입니다.

알아차림, 혹은 일반적으로 말하는 '아는' 것은, 곧 자각은 그 대상과 하나가 돼 있을 때는 불가능합니다. 예를 들어 자신이 화 자체가 돼 있을 때는 '나는 화가 나 있다는 걸 아는' 것이 불가능합니다. 알기 위해서는 반드시 화로부터 몸을 빼지 않으면 안 됩니다. 거리를 둘 수 있어야 합니다.

마음도
몸도
실체가 아니다

자아란 정신과 몸의 복합체

여기서 정신과 몸의 관계에 관해 조금 이야기를 해둡시다.
그러지 않으면 여기서부터 이야기를 제대로 이해하기 어려
워지기 때문입니다.

우리는 '자아'라든가 '나 자신'이라고 할 때 대부분 '정신'
만을 고려합니다. '몸'은 전혀 포함돼 있지 않습니다. 이것이
혼란을 불러옵니다. 자아란, 곧 나란 정신과 몸의 복합체입
니다. 붓다는 이 점을 철저하게 인식했던 사람입니다.

자아가, 나 자신이 '공'하다는 것은 자아를 구성하고 있
는 정신도 '공'하고, 몸도 '공'하다는 뜻입니다. 바꿔 말하면
정신도 실체가 아니고, 몸도 실체가 아니라는 겁니다. 이것
을 한 번 더 바꿔 말하면 몸과 정신은 서로가 서로를 조건 짓
고 있다고 할 수 있습니다. 붓다의 가르침은 정신과 몸의 상

호 조건 짓기를 철저히 파헤침으로써 만들어졌습니다.

실제로 감정에는 정신 활동과 함께 반드시 신체 활동이 일어납니다. 내분비계의 변화나 근육의 수축 등을 동반하지 않은 감정은 없습니다. 감정이란 몸의 변화 자체라고 해도 좋을 정도입니다. 둘은 나뉘어 있지 않습니다. 예를 들어 공포를 느낄 때, 우리 몸에는 다음과 같은 변화가 일어납니다.

심박 수가 늘어나고, 혈압이 올라간다

호흡이 얇아지고 빨라진다

뇌나 주요한 근육을 향한 피의 흐름이 늘어난다

근육이 긴장한다

말단부로의 피 흐름이 줄어든다

발한 작용이 활발해진다

혈액 속으로 아드레날린이 분비된다

간장肝臟에서 핏속으로 당을 내보낸다

이런 몸의 변화를 통틀어서 우리는 '공포를 느낀다'라고 표현합니다. 요컨대 정신이 느끼는 공포라는 감정은 이와 같은 몸의 변화를 말하기도 하는 겁니다.

우리가 뭔가를 보고 기쁨을 느낄 때 어떤 일이 일어날까요? 우리는 머리로 의식적으로 판단하고, 그 대상을 바람직하다고 여기고 '기쁨'의 상태에 들어가는 게 아닙니다. 그런 것이 머리에 떠오르기 전에, 아니 동시에 우리 몸에서 변화가 일어납니다. 그것은 공포에 관한 앞의 예와 같이 몸의 메커니즘이 행하는 실로 복잡하고 정묘한 조정 작용입니다. 더욱이 그 일은 순간적으로 일어납니다.

우리는 뭔가가 '마음에 든다'라고 판단한 뒤 기뻐하는 것이 아닙니다. 거꾸로 '내 몸'이 '기쁜 상태'에 들었을 때, 거기서 거슬러 올라가 그 대상을 '바람직하다'라고 정신이 판단하는 것도 아닙니다. 몸의 반응이 먼저고 정신의 변화가 뒤를 쫓는 것이 아닙니다. 몸과 정신의 변화는 동시에 일어납니다.

'나'는 '내가 아닌 것'에 의해 태어난다

이런 프로세스가 진행되고 있을 때 우리는 무의식 상태입니다. 뭔가를 마음에 들어 할 때 우리는 그것을 의식하지 못합니다. 자각하지 못하고 있다는 겁니다. 바깥으로부터 온 정보(이 경우는 시각적인 정보)에 대해 우리의 자아(몸과 정신의 복합체)는 일종의 조건 반사적인 반응을 해 버립니다.

이것을 달리 말하면, 바깥에 있는 어떤 '물질적 현상', 혹은 '모양 있는 것(불교에서는 '색'이라고 말합니다. '색즉시공'의 색입니다)'에 대해 자아가 선택할 수 있는 행동에는 한계가 있다는 겁니다. 머리로 뭔가를 판단하기 이전에 몸과 마음의 복합체로서의 자아가 거의 자동적으로 과거에 프로그래밍된 반응을 재현해 버리기 때문입니다. 동물의 경우 행동의 거의 100%가 이와 같은 자동적인 반응으로 이루어집니다. 이처럼 고정돼 있는 행동을 '본능'이라고 합니다.

인간 또한 스스로는 자유롭게 행동하고 있는 것으로 알지만, 실상은 과거에 만들어진 프로그램에 따라 바깥으로부터의 정보에 자동적인 반응을 반복할 때가 압도적으로 많습니다. 다만 그것을 '알아채지 못하고 있을(=무의식=무자각=무명)' 뿐입니다. 우리는 내가 느끼는 감정은 내 속에서 일어나는 '내 것'이라고 알고 있습니다. 그래서 '내 감정'이란 표현을 씁니다. 나날의 대화에서는 그런 표현을 쓰지 않으면 대화를 할 수 없기 때문에 어쩔 수 없는 면이 있기는 합니다.

하지만 잊지 마십시오. 우리가 느끼는 감정은 아무것도

없는 데서 갑자기 일어나는 것도 아니고, 동시에 스스로 자신이 만들어 내는 것도 아니라는 걸 말입니다. 그것은 바깥에 있는 것이나 바깥에서 일어난 일과 같이 '내가 아닌 것'과의 '관계로부터 일어납니다. '내 감정'은 '내가 아닌 것'에 촉발되지 않으면 일어나지 않습니다. 일어날 수 없습니다.

다시 한번 더 바꿔 말해 보겠습니다. '나'는 '내가 아닌 것'에 따라 철두철미하게 조건 지어져 있습니다. 절대 바뀌지 않는 고정된 무엇이 있는 게 아닙니다. 요컨대 우리는 고정된 실체가 아닙니다. 바뀝니다. '공'입니다.

'색'은
곧
'공'이다

'나무 아닌 것'에 조건 지어진 나무

《반야심경》하면 누구나 제일 먼저 떠오르는 구절이 '색즉시
공'입니다. 여러분도 마침내 나왔구나 하는 기분일 테지요.
과연 《반야심경》의 이 '색즉시공 공즉시색'을 바르게 이해하
는 사람이 얼마나 될까요? 조금 알기 쉽게 나무를 예로 들어
말해 보겠습니다.

　'나무'라고 할 때 우리 머리에 떠오르는 것은 어떤 한 덩
어리의 물질입니다. 틀림없이 나무는 어느 정도 독립성을 띠
고 거기에 서 있습니다. 하지만 나무가 나무로서 존재할 수
있는 것은 흙이 있고, 물이 있고, 공기가 있기 때문입니다. 그
'나무가 아닌 것'들 가운데 어느 하나라도 없으면 나무는 나
무로서의 존재를 곧바로 멈추게 됩니다(흙, 물, 공기 또한 그 안
에 흙, 물, 공기가 아닌 온갖 요소가 들어 있음으로써 비로소 이루어진

것입니다).

언뜻 보기에는 독립된 실체로 보이는 나무라는 물질도 깊이 들여다보면 볼수록 어디부터가 '나무'고 어디부터가 '나무가 아닌 것'인지 경계선이 점점 더 모호해집니다. 이처럼 '나무'라고 이름 지어진, 독립된 실체로 보이는 나무도 실은 '나무가 아닌 것'에 완전히 구속되고 조건 지어져 있습니다.

'인간 아닌 것'에 조건 지어진 인간

인간도 같습니다. 인간 또한 '인간이 아닌 것'에 따라 완전히 조건 지어져 있습니다. 나무처럼 인간도 바깥으로부터 온갖 물질을 받아들이거나 내보내거나 하면서 살고 있는데, 인간의 경우는 그것만이 아닙니다. 인간은 바깥으로부터 물질만 받아들이는 데 그치지 않고 '정보'도 받아들입니다. 그리고 그것에 대한 출력으로서 '행동'을 합니다. 바꿔 말하면 정보에 반응하면서 살고 있습니다. 잘 살펴보면 바깥의 것은 우리에게 모두 정보로서 기능하고 있습니다. 정보로서 기능한다는 것은 물리적으로 접촉하지 않더라도, 다시 말해 멀리 떨어져 있더라도 반응을 일으킬 수 있는 힘을 가지고 있다는 뜻입니다.

감각의 특징은 무엇일까요? 그것은 최소한의 물리적인 힘으로부터 믿을 수 없을 만큼 큰 힘을 촉발한다는 것입니다. 권총의 방아쇠가 좋은 예입니다. 방아쇠를 당기는 데는 적은 힘만 있으면 충분합니다. 하지만 그 결과, 혹은 효과는 사람을 죽일 수 있을 정도입니다. 권총 없이 맨손으로 사람을 죽이는 것과 비교하면 얼마나 권총이 물리적인 힘을 쓰지 않고 효과를 올리는지 알 수 있습니다.

아메바의 경우는 움직여서 직접 닿아보는 길밖에 없습니다. 그 길 말고는 바깥에 있는 것들 속에서 위험한 것을 찾아낼 수 없습니다. 하지만 시각이 발달한 동물은 이동하거나 접촉하지 않고도, 눈으로 바깥을 살펴보고 위험한지 그렇지 않은지 판단할 수 있습니다. 시각적인 이미지라는 정보에 따라 바깥 세계를 파악할 수 있기 때문입니다.

우리는 '색' 속에 살고 있다

바깥에 있는 물질 현상 일체를 불교에서는 '색'이라고 부릅니다. '색'은 인간에게 문자 그대로 색깔과 모양입니다. 그리고 그것은 인간에게 정보로서 기능합니다. 우리는 태어날 때부터 줄곧 '색' 속에서 살아갑니다. 그 과정에서 이 '색'에 대해서는 이 '행동'을, 저 '색'에 대해서는 저 '행동'을 취합니다. 이와 같은 방식으로 조건 짓기의 네트워크가 만들어집니다. 낱낱의 시각적 이미지는 우리에게 방아쇠 역할을 다하고 있습니다. 그 이미지가 일련의 운동·행동을 순간적으로 일으킵니다.

예를 들어봅시다. 길 건너 저편에 자기가 좋아하는 여성이라는 '색'이 보였다고 합시다. 그때 우리 몸에서는 혈류나 내분비계를 포함해서, 과장해서 말하면 격변이 일어납니다. 그 변화를 우리는 '기쁘다'라고 표현합니다. 하지만 다음 순간 어디선가 한 남자가 나타나 그 여성과 사이좋게 어깨를 나란히 하고 걸어갔다고 합시다. 그 '색' 또한 우리 몸에 큰 변화를 일으킵니다. 이번의 변화는 '화'라 부르는 부정적인 감정입니다.

물론 시각적인 이미지만이 아닙니다. 청각적인 이미지도, 미각적인 이미지도 같은 변화를 우리에게 일으킵니다. 방아쇠 역할을 합니다.

존재하지 않는 것에도 마음과 몸은 반응한다

여기서 잠깐 주의하기 바랍니다. 방아쇠 역할을 하는 것은 지금 현재 바깥에 있는 것이나 일어나고 있는 일만이 아닙니다. 과거에 있었던 일, 기억 또한 우리를 조건 짓는 것이 가능합니다. 그것만이 아니라 사실은 존재하지 않는 것에도 우리는 조건 지어져 버립니다. 뭔가를 상상한다거나 혹은 일어나는 생각에 따라서도 마치 지금 그것이 여기 눈앞에 있는 것 같은 반응이 우리에게 나타납니다. 그렇지 않나요? 무서운 일을 상상하면 소름이 돋습니다. 억울했던 일이 생각나면 화가 납니다.

우리는 늘 상상하고 생각합니다. 오래전에 지나가 버린 옛날 일에, 마치 지금 여기서 일어나고 있는 일이라도 되는 것처럼 성을 냅니다. 혹은 미래에 대한 걱정으로 눈앞이 캄캄해지기도 합니다. 생각하고 상상하는 능력이야말로 우리의 괴로움을 만들어 내는 최대 원인 중 하나라고 해도 틀리지 않습니다.

상상想像한다는 것은 어떤 '모습像'을 '생각한다想'라는 말입니다. 곧 이미지를 불러내는 것입니다. 놀랍게도 불러낸 이미지일 뿐인데, 그 이미지는 진짜 이미지와 같은 힘으로

91

우리를 구속할 수 있습니다. 그것이 진짜로 거기에 있는 것처럼 우리의 몸과 마음은 반응을 일으킵니다.

왜 이런 일이 일어나는 걸까요? 앞에서 말했듯이 우리는 바깥에 있는 것을 앞에 두었을 때도 그것을 '정보'로서 받아들이기 때문입니다. 시각적인 이미지에 반응하는 것이지 물리적인 힘에 반응하는 게 아닙니다. 그래서 실제로 바깥에 있는 것에 반응하거나, 과거에 있었던 일에 반응하거나, 상상에 반응하거나, 거기에는 질적인 차이가 없습니다. 늘 우리는 이미지라는 정보에 반응하고 있기 때문입니다.

'색'으로부터 오는 시각적인 이미지로서의 정보는 바깥의 진짜에서 오든, 기억의 이미지라는 형태로 안에서 오든 우리 몸에 변화를 일으키는 방아쇠로서의 힘임에는 다름이 없습니다. 우리 몸과 마음은 정보에 조건 지어져 있지 물리적인 힘에 조건 지어져 있는 게 아니기 때문입니다.

우리가 바라는 정보만이 존재한다

마침내 자아는 실체가 아니다, 공하다는 것이 분명해졌습니다. 우리의 자아는 과거의 일이나, 미래의 일이나, 참이거나 참이 아니거나, 모든 것에 반응합니다. 요컨대 모든 것에 영향을 받고 철저히 속박돼 버립니다. 우리는 자유롭게 살고 있지 않습니다. 어림없는 이야깁니다. 스스로 알아채지 못하고 있을 뿐 우리는 속박을 받고, 조건 지어져 있습니다.

앞에서 말한 시내에서 한 여성을 만났다는 예로 생각해 봅시다. 뒤에서 한 남자가 나타나 그 여성과 어깨를 나란히 하고 걸어갔다는 '색'을 보고, 그 여성의 연인은 마음에 크게 동요가 일어났습니다. 하지만 잠시 뒤 그 남성이 그녀의 오빠인 것을 알았다고 합시다. 그렇다면 '새로운 남자를 사귀고 있나'라고 했던 생각은 뭘까요? 완전한 오해에 지나지 않습니다. 그가 '본' 것은 자신의 '잘못된 판단'이자 '오인'이었던 겁니다. 그러나 그 잘못된 판단에 따라서도 감정은 일어납니다. 그런 오인 때문에 자살하거나 살인을 저지르는 사람도 있습니다.

사람을 잘못 본 경우는 뒤에 자신의 실수나 잘못을 깨달을 수 있습니다. 하지만 안타깝게도 이런 일은 좀처럼 잘 안 일어납니다. 거의 모든 순간 우리는 우리가 보고 있는 것이 맞는지 틀리는지 판단할 수단을 갖고 있지 못합니다. 그보다 먼저 자신이 맞는지 틀리는지 따위를 생각해 보는 사람이 없습니다. 우리는 바깥에서 자신이 본 (그렇게 여기는) 것에 순간마다 반응하면서 (조건 지어져 있으며) 무자각하게 살고 있습니다. 본 (그렇게 여기는) 것, 들은 (그렇게 믿는) 것에 순간적으로 반응하며 삽니다. 그것이 우리의 삶입니다. 그런 신속함이 없으면 생물은 위험한 환경 속에서 살아남을 수 없습니다.

다시 말하지만 우리는 '색'으로 나타나는 바깥 것과의 상호작용 속에서 살아갑니다. 하지만 그것은 우리가 바르게 '색'을 보고 받아들이며 사는 게 아닙니다. 바르게 알기까지 어떤 행동도 취할 수 없다면, 그 사람은 생존경쟁에서 낙오당하게 될 겁니다. 재빠른 반응이 필요합니다.

극단적으로 말하면 사실인지 사실이 아닌지, 정확한지 정확하지 않은지는 다음 문제입니다. 우리는 될 수 있는 한 모든 순간과 상황에 원활하게, 순조롭게 행동해야 합니다. 어쩔 수 없습니다. 그런 이유에서 우리는 볼 필요가 없는 것은 보지 않습니다. 혹은 보이지 않습니다. 바깥에서 나에게 좋은 것만을 찾습니다.

예를 들어 돈벌이에 혈안이 돼 있는 이에게는 돈과 관계 없는 것들은 보이지 않습니다. 혹은 느끼지 못합니다. 달리 말하면 존재하지 않는 것입니다. 다른 사람의 아픔 따위를 느낀다면 돈벌이를 할 수 없기 때문입니다. 그런 이유로 그에게는 남의 아픔, 고통이 '존재하지 않게' 됩니다. 그에게 남의 고통이라는 '정보'는 와 닿지 않는 겁니다. 정확히 말하면 와 닿고 있지만, 억압되며 의식까지 올라오지 않는 것입니다.

뇌세포 속에서 정보 전달 활동을 하는 세포는 전체의 20%에 지나지 않고, 나머지 80%는 지금 처리해야 할 문제와 관련이 없는 정보를 억압하는 일에 종사한다는 연구 결과가 있습니다. 고양이의 뇌에 전파를 쪼이면서 실험해 보았다고 합니다. 처음에는 흘러드는 소리에 고양이가 반응했습니다. 하지만 눈앞에 쥐를 가져다 놓자마자 그쪽에 주의가 집중되며 고양이의 뇌는 소리에 전혀 반응을 나타내지 않았다고 합니다. 요컨대 쥐라는, 식욕을 자극하는 것이 눈앞에 나타난 순간 다른 정보는 무가치하다고 자동적으로 판단되며, 쥐를 뺀 정보는 모두 억압돼 버리는 것입니다. 소리가 사라진 것은 아닙니다. 소리가 나는데도 고양이의 뇌파에는 반응이 나타나지 않습니다. 고양이에게 소리는 더 이상 존재하지 않게 된 것입니다.

우리도 고양이와 본질적으로 다르지 않습니다. 전체에

견주면 아주 작은 부분만이 우리에게 실제로 존재하고 있습니다. 실제로 존재하고 있다는 것은, 우리에게 반응을 일으킬 수 있는 힘을 가지고 있다는 뜻입니다.

여기서도 서둘러 덧붙여 둡니다. 지금까지 말한 것처럼, 바깥으로부터 오는 것이든 안으로부터 오는 것이든 우리에게 그것은 모두 정보라는 점에서 차이가 없습니다. 정보로서 현실성을 가지는 것은, 우리가 실제로 그것에 반응하느냐 아니냐에 달려 있습니다.

'공'은
곧
'색'이다

우리가 현실을 만든다

여기서 둘이 뒤바뀌는 현상이 일어납니다. 우리가 반응하는 것만이 우리가 접하는 정보가 사실이냐 아니냐를 결정짓는다고 하면, '현실'을 만드는 것은 '우리의 반응'뿐이라는 말이 됩니다. 반응이란 말을 빼 볼까요? 그렇게 되면 현실을 만드는 것은 다른 무엇이 아니라 우리 자신입니다.

지금까지 바깥 세계에 있는 것과 거기서 일어나는 일 따위로부터 오는 정보에 우리가 '반응한다'라는 표현을 써 왔습니다. 먼저 바깥 세계의 정보가 있고, 우리는 그 정보의 수신자, 곧 받아들이는 역할을 한다고 썼습니다. 정보에 우리가 조건 지어져 있다고 썼습니다.

물론 이것은 틀리지 않습니다. 그런 입장에서 설명하지 않으면 알 수 없는 것들이 많이 있습니다. 하지만 그것으로 모든 걸 설명할 수 있는 것은 아닙니다. 사실 우리가 바깥에 있다고 여기는 것은 우리 신체가 바깥 세계로부터 무의식적으로 선택한, '자동적으로 초점을 맞춘' 정보뿐입니다. 그 밖의 것은 존재하지 않는다는 겁니다. 우리에게 말이죠.

앞에서 예로 든 고양이를 생각해 봅시다. 고양이는 쥐를 보기 전까지는 들려오는 소리에 줄곧 반응했습니다. 요컨대 소리가 존재하고 있었습니다. 하지만 쥐가 나타나는 순간 어떻게 됐나요? 그때까지 들리던 정보는 억압되며 소리는 더 이상 바깥 세계에 '존재하지 않는' 그 무엇이 됐습니다.

만약 고양이에게 정교하게 만들어진 쥐 인형을 주면 어떻게 될까요? 어쩌면 진짜 쥐를 본 것과 똑같은 반응을 일으킬지도 모릅니다. 왜 그럴까요? 그것은 고양이의 반응이 '실제의 쥐'가 아니라 쥐처럼 보이는 색깔과 모양, 곧 '색'이라는 시각적 정보에 따라 일어난 것이기 때문입니다. 뛰어들어 먹어보지 않는 한 고양이는 그 쥐가 진짜인지 인형인지 알 수 없습니다. 그렇다면 먹어보면 알 수 있는 이유는 뭘까요? 미각이나 촉각이란 정보에도 고양이는 반응하기 때문입니다.

우리 인간이 이 고양이보다 고급인가 하면 그렇지 않습니다. 미인이 그 예입니다. 아름다운 사람이 눈앞에 나타나면 고양이처럼 우리에게서 다른 정보는 사라져 버립니다. 더 나쁘게는 그 미인이 날 마음에 들어 할까 들어 하지 않을까 하는, 고양이라면 결코 하지 않을 일로 고민할 가능성까지 있습니다. 우리는 '진짜로 실재하는 것'에 반응하는 것이 아니라 색깔과 모양을 비롯한 정보에 반응하고 있을 뿐인데, 우리는 조금도 그 사실을 모릅니다. 알아채지 못하고 있습니다. 우리는 우리가 틀림없이 실재하고 있는 것에 반응하고 있다고 굳게 믿습니다. 실제로는 우리 신체에 나타나는 반응이 그 대상의 현실성을 만들고 있는 것에 지나지 않는데 말입니다.

마침내 우리는 《반야심경》 속에서 가장 유명한 문장에 다가섰습니다. 지금까지 길게 말한 모든 것은 '색즉시공 공즉시색'. 다시 말해 색은 곧 공이고, 공은 곧 색이라는 문장에 대한 설명이었습니다. 그렇지만 여기서 끝이 아닙니다.

바깥(색)과 안(자아)은 둘 다 공하다

다시 말합니다. 우리가 바깥에 있다고 믿는 물질 현상은 우리의 반응에 따라 현실성이 주어집니다. 바깥(색)과 안(자아)

은 둥근 원처럼 둘이 하나가 돼서 원을 이루고 있습니다. 서로가 서로의 거울이 돼서 상대방을 비추고 있습니다. '색'과 '자아'는 둘 다 공합니다. 독립돼 있지 않습니다. 어디에서 '색'이 끝나고, 어디에서 '자아'가 시작되는지 경계선을 긋기 어렵습니다.

객관적으로, 타인의 눈으로 보면 바보 같은 생각일지라도 만약 그 생각이 우리 몸에 현실적인 변화를 일으킬 수 있다면, 그것이 어리석은 생각이더라도 현실로서, 실재하는 것으로서 받아들여지는 일이 일어납니다. 그렇게 우리는 '제 눈에 안경'을 '현실'로 받아들이면서 살아가는 길 말고는 다른 삶의 방식을 알지 못합니다.

우리는 (자아에) 걱정이 일어날 때, 걱정을 일어나게 만드는 것이 내가 아니라 바깥에 있다고 여깁니다. 그렇게밖에 생각하지 못합니다. 예를 들어 내일 시험을 봐야 해서 걱정으로 잠을 잘 수 없다면, 시험(이라고 하는 바깥의 현실)이 걱정의 원인이라고 생각합니다. 하지만 이 세상에는 시험 전날 시험에 대한 걱정으로 잠을 이룰 수 없는 사람만 있는 것이 아닙니다. 잘 자는 사람도 있습니다. 이처럼 시험만이 원인은 아닙니다.

실제로 우리를 잠 못 들게 하는 것은 시험이라는 정보에 반응하여 겁을 내고 있는 (조건 지어진) 우리의 신체입니다. 몸이 각성돼 있기 때문에 잠을 잘 수 없는 겁니다. 우리는 의식적으로는 '자려고' 합니다. 하지만 몸이 시험이라는 정보에 반응해 자동적으로 '겁'을 먹고 있습니다. 그래서 잠을 잘 수 없는 것입니다.

윗사람의 싫은 소리에 화가 났다고 합시다. 그때 화의 원인은 윗사람에게 있다고 우리는 믿습니다. 그리고 내내 윗사람을 미워합니다. 그러나 이것도 앞에서 든 시험과 잠의 예와 같습니다. 원인이 윗사람에게만 있는 게 아닙니다. 그것이 계기가 됐을지 모르지만 윗사람의 말에, 싫은 소리에 모든 사람이 화를 내는 것은 아닙니다. 그 사람은 (자기에게 일어난) 화의 원인이 바깥에 있다고, 윗사람에게 있다고 굳게 믿고 있을 뿐이라고 해야 합니다. 그게 맞습니다. 화가 난 직접 원인은 윗사람의 말이란 정보에 자동적으로 반응한 (조건 지어져 있는) 자신의 몸입니다. 자기 자신입니다.

우리는 누구나 우리의 감정을 일으키는 원인이 바깥 세계에 있다고 굳게 믿습니다. 그래서 뭔가 불쾌한 느낌이 들 때 반사적으로 바깥 상황이나 다른 이의 행동이 원인이라고 느낍니다. 그렇게 받아들입니다. 그렇게 믿습니다. 이것은 앞에서 여러 차례 말했듯이 의식적으로, 머리로 판단해서 그렇게 생각하는 게 아닙니다. 무의식적으로, 거의 자동적으로 몸이 그렇게 판단해 버립니다. 그리고 원인을 만들었다고 보이는 사람이나 일에 대해 '화'가 나는 것입니다.

그런 사람은 '내 마음에 안 드는 놈'은 이 세상에서 다 사라져야 한다고 여깁니다. 그 길밖에 없다고 생각합니다. 회사에서는 동료나 윗사람 중에 '말이 안 통하는 황당한 놈이 있어서' 내 기분이 자꾸 나빠지는 거라고, 온화해지지 않는 거라고 굳게 믿습니다. 집에서 옥신각신이 끊이지 않는 것 또한 자기 말을 잘 듣지 않는 아이들이나 늘 월급이 적다고 불만만 하는 아내 탓이라 여깁니다. 내게도 잘못이 있을지 모른다는 생각을 조금도 하지 않습니다.

반대로 기쁨의 원인 또한 바깥에 있다고 믿습니다. 우리는 기쁨을 느낄 때 나의 존재감이 커지는 것 같은 행복감을 맛봅니다. 이런 이유에서 우리는 행복해지기 위해 기쁨을 느낄 수 있는 원인을 바깥에서 만들어 내고자 합니다.

기쁨이란 뭔가를 손에 넣거나, 이루거나, 경쟁에서 이기거나, 출세하거나, 사랑을 받거나 할 때 찾아온다는 것을 과

거의 경험으로부터 배워왔습니다. 그래서 우리는 바깥 세계에서 열심히 활동하며 사람들로부터 칭찬의 소리를 듣거나, 인정을 받거나, 성적이나 업적을 올리거나, 더 많은 것을 소유하고자 노력합니다.

그러나 그런 시도는 실패로 끝나며 비참함에 떨어지기 쉽습니다. 그 둘은 한 짝이 돼 있기 때문입니다. 남에게 사랑을 받으면 기쁨이 생기지만, 그 사랑은 남에게 의존해 있습니다. 그리고 누군가에게 사랑을 받는다고 해도 그 마음이 영원하리라는 보장이 없습니다. 언제 바뀔지 모릅니다. 학교나 일터에서도 그렇습니다. 첫째가 되고 싶지만 수많은 사람 속에서 첫째가 되는 사람은 단 한 사람입니다. 실패할 확률이 압도적으로 높습니다. 물건도 그렇습니다. 우리의 뜻대로 모든 것을 손에 넣을 수는 없습니다. 남의 눈을 지나치게 의식하면서 살면 편해질 수 없습니다. 내 뜻대로 되지 않는 일이 연이어 일어나며 괴로움의 상태에 빠지기 때문입니다.

우리의 감정을 만드는 것은 바깥에 있는 것이나 바깥에서 일어난 일이 아닙니다. 바깥 세계로부터의 정보에 반응하는 우리 자신의 자아, 곧 정신과 몸의 복합체입니다. 그것을 알아채게 만들어 주는 것이 '반야의 지혜'입니다.

다시 한번 말합니다. '바깥에 있다'라고 하지만 그것은 객관적으로, 누구에게나 같은 반응을 일으킬 수 있는 무언가로 존재하는 것이 아닙니다. 편의상 '바깥으로부터의 정보'라는 표현을 쓰고 있지만, 그 정보가 '바깥에 있다', 혹은 '바깥으로부터 온다'라고 생각하는 자체가 본말이 전도된 망상입니다. 바깥 세계에서 일어나는 일은 우리 감정이나 행동의 계기는 되지만, 그 이상은 아닙니다.

바깥 세계에
어떻게 반응하느냐에 따라
삶이 달라진다

희

망

'내'가 바뀌면
'바깥 세계'도
바뀐다

행복해질 수 있다

우리의 화나 기쁨이나 슬픔은 모두 최종적으로는 '나'로부터 나옵니다. 일어납니다. 바깥의 일들은 우리의 감정을 일으키는 계기가 되어줄 뿐입니다. 어디까지나 '나'가 주체입니다. '나'에 변화가 일어나면 무엇에 화를 내고, 무엇에 슬퍼하고, 무엇을 기뻐할 것이냐 하는 바깥 세계에 대한 나의 반응이 바뀝니다. '바깥을 향한 나의 반응'이 바뀐다는 것은, 결국 '바깥 세계' 자체가 바뀐다는 뜻이기도 합니다. '나'와 '바깥'은 서로 의존해 있기 때문입니다. 나뉘어 있지 않고 하나로 이어져 있기 때문입니다.

여기서 구원의 가능성이, 길이 열립니다. 우리의 행복이 바깥에서만 오는 것이라면, 잘 아시다시피 바깥을 내 생각대로 바꾸는 것은 불가능하기 때문에 우리는 영원히 괴로움으로부터 벗어날 수 없을 겁니다.

우리를 화나게 하는 일이나 사람이 바깥 세계에서 모두 사라지는 일은 있을 수 없습니다. 슬픈 일 하나 안 당하는 것 또한 불가능합니다. 모든 이에게 사랑받을 수 있다는 보증 또한 없습니다. 갖고 싶은 것을 모두 손에 넣을 수도 없습니다. 이처럼 내 뜻대로 바꿀 수 없는 바깥 세계에서밖에 내가 행복해질 수 없다면, 우리는 행복해지기 몹시 어렵습니다. 하지만 바깥 세계를 바꾸지 않더라도 우리는 우리의 감정을 바꿀 수 있습니다.

화는 남에게 칭찬이나 인정을 바라는 데서 온다

우리 마음에 화가 일어나는 것은 어떤 이유에서일까요? 남의 행동이나 말이 '내게 상처를 주었다'라고 생각하기 때문입니다. 물론 의식적으로 그렇게 생각하는 것은 아닙니다. 무의식적입니다. 그 행위나 말에 우리의 자아가 순간적으로 상처를 입는 반응이 일어나는 것입니다. 그것이 화라는 감정입니다. 마음에 두지 않은 일에는 화가 나지 않습니다. 그럴 때는 어떤 행동이나 말도 웃으며 흘려버립니다. 그렇게 할 수 있습니다.

우리가 상처 입는 것은, 바깥(남)이 우리에게 상처를 입힐 수 있는 힘을 가지고 있다고 믿기 때문입니다. 의존해 있기 때문입니다. 좀 더 자세히 살펴볼까요? 바깥 세계(남)의 가치 판단에 우리가 의존해 있고, 거기서 인정을 받거나 신뢰를 받을 때 우리는 기쁨을 느끼기 때문입니다. 그런데 그 기대가 채워지지 않을 때나 배반을 당했을 때 우리는 상처를 입습니다. 우리는 의식적으로는 스스로 자신을 사랑하고 있다고 여깁니다. 그래서 남이 자신을 받아들여 주지 않으면 그때 상처를 입는다고 생각합니다. 하지만 이것은 자신이 어떤 상태에 있는지 모르는 전형적인 '무명(무지)'의 상태라 할 수 있습니다. 만약 우리가 마음속 깊은 곳에서부터 참으로 자신을 긍정하고 받아들인다면 남의 칭찬 따위를 바랄 필요가 없습니다.

하지만 어떤가요? 누군가를 이기고, 누군가에게 사랑받고, 누군가에게 좋은 소리를 듣고, 그런 것들이 이루어질 때에만 자신을 가치 있다고 생각하고 받아들이지 않습니까? 그렇게 여기고, 그렇게 되려고 노력하고 있지 않나요? 그렇게 생각하고 행동하지 않나요? 스스로는 자신을 긍정하고 있다고 믿고 있을지 모르지만, 그런 상태는 자신을 긍정하고 있지도 받아들이고 있지도 않은 겁니다. '이긴 나', '사랑받는 나', '인정받는 나'라면 받아들여 주겠다는 것은 현재의 자신은 도무지 사랑할 수 없다는 것과 같은 말이 아닌가요?

바깥이 나를 받아들여 주면 나도 나를 받아들여 주겠다. 이렇게 우리는 생각하고 있습니다. 그런 상태에서는 언제까지고 마음에 평화가 찾아오지 않습니다. 내 기쁨이나 슬픔이 모두 바깥의 것에 맡겨져 있기 때문입니다. 그때 우리는 바깥 세계(남)를 두려워하지 않을 수 없습니다. 그리고 더 인정받고, 사랑받고, 받아들여지고자 하는 마음에서 바깥 세계에 매달리며, 그것을 얻을 수 없을 때는 화가 나는 겁니다. 불안한 겁니다. 괴로움이 일어나는 겁니다.

탐욕이란 스스로를 통제할 수 없는 상태

탐욕이란 '무슨 일이 있어도 내가 바라는 것을 얻으려는 욕망'이라고 정의할 수 있습니다. 탐욕과 화는 앞뒤 관계에 있는 감정입니다. 탐욕, 곧 욕심이 나는 것을 손에 넣을 수 없을 때 화가 나지 않습니까?

탐욕의 특징은 스스로는 그 일을 멈출 수 없다는 데 있습니다. 누군가를 사랑하는 것은 탐욕이 아닙니다. 상대방도 나를 사랑해 주기를 바라는 것이 탐욕입니다. 게다가 무의식적이기 때문에, 그런 요구를 하고 있다는 걸 스스로 알아채지 못하고 또 멈출 수 없는 것입니다.

나날의 대화에서 우리가 '누군가가 좋아졌다'라고 할 때, 그것은 '그에게 사랑받고 싶다'라는 나의 집착을 표명하는 것에 지나지 않습니다. 그럴 때 우리는 상대방에 대해 아무것도 고려하지 않는 경우가 많습니다. 단지 내가 상대방과 함께 있음으로 인해 느낄 수 있는 기쁨에만 집착합니다. 그런 것을 바라는 상태에 지나지 않습니다.

이렇게 반문하는 사람이 있을지 모릅니다. 우리가 뭔가를 욕망할 때나 바랄 때, 그때 우리는 자유롭게 행동하고 있는 게 아니냐고 말이지요. 그건 다릅니다. 내가 좋아하는 일을 하는 행위와 탐욕은 다릅니다. 참으로 자유로운 행위라면 언제라도 그것을 멈출 수 있어야 하기 때문입니다. 어떤가요? 탐욕 상태에서는 스스로를 통제할 수 없지 않나요? 멈출 수 없지 않나요?

반야의
지혜에 따라
비로소 삶이 바뀐다

괴로움이 일어나는 열두 단계

탐욕이나 화는 내가 바깥(남)에 완전히 의존돼 있는데, 그것을 알아채지 못하고 있는 상태일 때 일어납니다. 이 '알아채지 못하고 있는' 상태를 불교에서는 '어두움(무명, 무지, 어리석음)'이라고 합니다. 탐욕, 화, 어리석음. 이 셋을 합쳐서 불교에서는 세 가지 큰 번뇌라고 부릅니다.

나와 바깥 세계는 상의 상관, 곧 서로 의존돼 있는 (나도 바깥 세계도 '공'한) 것임에도 불구하고 그것에 우리는 무의식적이라는 겁니다. 이 상태로부터 괴로움이 일어난다는 사실을 붓다는 12단계로 나눠서 자세히 설명합니다. 소위 불교에서 말하는 '12연기설'로 붓다가 편 귀중한 가르침 가운데 하나입니다.

1. 무명無明	무지, 어리석음
2. 행行	뭔가를 만드는 잠재적인 힘
3. 식識	인식
4. 명색名色	정신과 물질
5. 육입六入	감각의 여섯 가지 영역
6. 촉觸	접촉
7. 수受	감각
8. 애愛	집착하는 생각
9. 취取	집착하는 행위
10. 유有	생성
11. 생生	출생
12. 노사老死	늙음과 죽음, 괴로움

무명이 있을 때 행이 있고, 행이 있을 때 식이 있고……
라는 식으로 읽어갑니다. 이에 관한 설명으로는 불교 역사상
여러 가지 설이 있는데, 아직 정설이라 할 만한 것이 없습니
다. 그러니 그런 것에 구애받을 필요는 없습니다.

어떻게 행복을 얻을 수 있을까 하는 테마로부터 보아가
면 알맹이는 분명합니다. 제일 먼저 '무명'이 있고, 여덟 번째

에 '애'가, 아홉 번째에 '취'가 생기고, 마지막으로 '노사', 곧 괴로움이 생깁니다. 이와 같은 순서입니다.

이것이 붓다의 '12연기설'이기 때문에 받드는 게 아닙니다. 불교의 문맥을 떠나더라도 좋습니다. 중요한 것은 내 것으로 만드는 일입니다. 자기 것으로 만든다는 것은, 실제로 당신이 행복해지는 걸 말합니다. 포인트는 내 감정을 바꾸는 길이 바깥을 바꾸는 데 있지 않다는 걸 깨닫는 데 있습니다.

그러기 위해서는, 역설적이게도 먼저 나와 바깥 세계가 얼마나 긴밀하게 의존돼 있는지, 조건 지어져 있는지 알아채지 않으면 안 됩니다. 그 둘이 공하다는 걸 깨닫지 않으면 안 됩니다. 공하다는 게 무엇인지 알아야만 합니다. 그 뒤에 바깥과 나와의 의존 관계를 조금씩 풀어나가야 합니다. 그것을 가능하게 하는 것이 '반야의 지혜'이고, 또 반야의 지혜만이 그 일을 할 수 있습니다.

반야의 지혜와 그 실천

'반야의 지혜'란 자신이 의존돼 있는 존재이며 독립된 실체가 아니라는 것, 다시 말해 '공'하다는 것, 바깥 세계의 정보에 대해 자동적으로 반응해 버리는 존재라는 것을 알아채는 활동입니다. '알아차림', 곧 '자각'을 통해서만 우리는 자동적인 반응을 멈출 수 있습니다.

반야의 지혜란 누구도 제 욕심대로 살 수 없는 존재임을 아는 능력이기도 합니다. 중요한 것은, 그것을 추상적인 진리로서 아는 것이 아니라 자신이 화가 나 있을 때나 욕심을 내고 있을 때처럼 스스로 자신을 통제할 수 없는 상태에 있을 때, 그 자리에서 그 사실을 알아채는 일입니다. 그런 능력이 곧 반야의 지혜입니다.

스스로 자신을 통제할 수 없을 때 우리는 괴로움을 느낍니다. 생각해 보면 우리가 스스로를 통제할 수 없는 것은 소위 괴로움의 상태일 때만이 아닙니다. 뭔가에 강하게 욕망을 느낄 때도, 기뻐할 때도 우리는 스스로를 통제하는 것이 불가능합니다. 이런 모든 상황을 붓다는 '괴로움'이라고 말합니다.

앞에서 붓다의 '괴로움에 관한 네 가지 진리'를 소개한 적이 있습니다. 지금까지 반야의 지혜가 하는 활동에 대해 써온 것이 그대로 이 '괴로움에 관한 네 가지 진리'의 실천 그 자체라 할 수 있습니다. 괴로움, 공, 반야의 지혜. 이 셋의 관

116

계를 확인하기 위해 다시 한번 괴로움에 관한 네 가지 진리를 살펴봅시다.

1. 이것은 괴로움이다(라고 알아차려 주십시오)
   → 나는 괴로움 속에 있다는 것을 알아차리는 단계

2. 이렇게 괴로움이 일어난다(라고 알아차려 주십시오)
   → 괴로움이 일어나는 얼개를 아는 단계

3. 이것은 괴로움이 없는 상태이다(라고 알아차려 주십시오) → 괴로움이 없는 상태가 어떤 것인지 알고, 거기에 이를 수 있다는 확신을 갖는 단계

4. 이것은 괴로움을 없애기 위한 방법이다(라고 알아차려 주십시오) → 훈련법을 실천해 가는 것이 행복에 이르는 길임을 깊게 믿게 되고, 그것을 실천해 가는 단계

첫 번째 '이것은 괴로움이다'는, 흔히 인생은 고통이라는 추상적인 진리를 설한 것으로 풀고 있습니다. 경전에도

그런 식으로 쓰여 있어서 틀림이 없지만, 그것으로 끝이어서는 안 됩니다. 이 진리는 더 실천적으로 읽어갈 수 있습니다. 요컨대 우리가 어떤 강한 감정이나 욕망에 몰려 있을 때, 그 상태의 한가운데서 괴로움으로부터 자신을 떼어내 '이것은 괴로움이다'라고 자신의 상태를 자각하라는 실천적인 의미로 해석해도 아무런 잘못이 없다는 겁니다.

바깥 세계의 정보에 '나'는 어떤 감정을 체험했는지, 그 감정에 따라 어떤 반응을 취했는지 등을 알아가는 길 말고는 '나는 누구인가'를 알 길이 없습니다. 한편 그렇게 나를 아는 길 말고는 감정이나 욕망에 몰리고 있는 나의 행동을 바꿀 수 있는 길이 없습니다. 바깥 세계의 정보에 대한 '나'의 반응 방식이 곧 '나의 삶'이기 때문에 반응 방식을 바꾼다는 것은 삶의 방식을 바꾸는 것과 다르지 않습니다. 그걸 할 수 있는 것은 '반야의 지혜'뿐입니다.

멈추어 냉정하게 바라볼 때 진정 자유로워질 수 있다

알

아

차

림

알아차리기
훈련

삶을 바꾸는 여덟 가지 바른길

지금까지 우리는 괴로움에 관한 네 가지 진리 중 첫 번째부터 세 번째까지 이야기했습니다. 한번 복습을 해볼까요?

반야의 지혜에 따라 자신이 괴로움 속에 있다는 것을 알아차리는 일, 이것이 첫 번째 진리입니다. 이어서 그 괴로움의 원인은 자신이 조건 지어져 있는 존재, 다시 말해 '공' 하다는 것을 알아차리지 못하고 있는 데 있는 것입니다. 이것이 제2의 진리입니다.

제3의 진리는 괴로움이 없는 상태에 관한 알아차림입니다. 괴로움이 없는 상태란 우리가 우리의 감정을 바깥 세계(남)에 의존하지 않은 상태를 말합니다. 바깥 세계에 의존돼 있기 때문에 탐욕과 분노라는 번뇌가 떨어지지 않는 것입니다. 탐욕과 분노가 없는 상태가 괴로움이 없는 상태입니다.

내 힘만으로 행복할 수 있다면 구태여 바깥 세계에서 남의 마음에 들려고 아등바등 경쟁하거나 애면글면할 필요가 없습니다. 그때는 지금 이 순간의 나를 받아들기만 하면 됩니다. '남이 마음에 들어 하는 나'가 아니더라도, '경쟁에서 1등을 한 나'가 아니더라도, '많은 물건을 가진 나'가 아니더라도 좋다. 다른 것과 바꿀 수 없는 가치가 나에게 있다는 것을 스스로 믿을 수 있고, 스스로 마음속으로부터 자신을 사랑하고 받아들일 수 있다면 바깥 세계를 두려워하며 바깥의 반응에 일희일비하지 않아도 됩니다. 이것이 괴로움에 관한 세 번째 진리입니다.

이렇게 해서 마침내 우리는 제4의 진리인 '괴로움을 없애는 길이 있다'까지 왔습니다. 이른바 불도佛道, 불교의 길이란 여기에 있습니다. 달리 말하면, 괴로움에 관한 네 가지 진리 중 마지막은 불교의 진리를 몸으로 익히기 위해 하는 훈련입니다. 앞에서 설명한 괴로움에 관한 네 가지 진리를 아는 것만으로는 진리가 몸에 붙지 않습니다. 몸에 붙지 않으면 삶이 바뀌지 않습니다. 그러므로 삶을 바꾸기 위해서는, 괴로움에서 벗어나 행복하게 살기 위해서는 나날의 실천이 필요합니다.

훈련법은 분류에 따라 제각각입니다. 그 가운데 가장 유명한 것이 '여덟 가지 바른길'입니다. 괴로움에 관한 네 가지 진리, 한자로 '4제諦'라 하는 이것과 '8정도正道'라 부르는 여덟 가지 바른길을 합쳐서 '4제 8정도'라고 합니다. 예로부터 붓다의 가장 뿌리가 되는 가르침으로 알려져 있습니다. 이 8정도는 오늘날에도 충분히 통용될 수 있는 실천적인 내용을 가지고 있기에 《분별성제경分別聖諦經》이란 경전에 실려 있는 설명에 따라 소개합니다.

정견正見　바르게 보기

괴로움에 관한 네 가지 진리를 완전히
이해하고, 인과의 법을 믿고,
모양이나 욕망에 혹하지 않는 것

정사正思　바른 생각

번뇌를 갖지 않겠다고 결의하는 것.
집착하지 않고, 화내지 않고, 남에게
해를 끼치지 않는 것

정어正語　바른 말

거짓말, 쓸모없는 말, 욕 따위를 하지 않는 것

정업正業	바른 행동	
	어떤 생명도 빼앗지 않고, 훔치지 않고, 불륜을 하지 않는 것	

정명正命	바른 생활	
	부끄러운 생활을 하지 않는 것	

정정진正精進	바른 노력	
	바른 방향을 향해 노력을 게을리하지 않는 것	

정념正念	바른 알아차림	
	맑고 주의 깊은 마음을 이어 갖는 것	

정정正定	바른 마음의 통일	
	지혜가 작동될 수 있도록 마음을 평온하고 통일된 상태로 유지하는 것	

간단해 보일지 모르지만 실은 매우 어려운 생활입니다. 이것의 목표가 '반야의 지혜를 완성'하는 것, 곧 '반야바라밀다'임을 알아두기 바랍니다. 반야의 지혜라 하면, 지혜가 붙어 있기 때문에 뭔가 머리로 이해하는 것으로 충분한 것 같은 생각이 들기 쉽습니다. 하지만 그것만으로는 반야의 지혜가 실제 삶을 바꾸는 힘이 되지 못합니다.

자신을
의식화해 가는 훈련,
정념正念

마음의 움직임을 지켜보기

8정도 가운데 특히 중요한 것 하나가 '정념'입니다. 정념이란 나날살이 속에서 자신의 생각과 행동 일체를 의식화해가는 훈련을 말합니다. 이 훈련을 통해서 우리는 내 행동의 자동성, 기계화, 곧 조건 지어져서 움직이는 것을 알아챌 수 있습니다. 이것이 '반야의 지혜'라고 말해온 '알아차림의 능력'입니다. 우리는 이 힘을 철저히, 그리고 체계적으로 길러가야 합니다. 알기만 해서는 안 됩니다. 훈련이 필요합니다. 《염처경念處經》이란 경전에 다음과 같이 쓰여 있습니다.

비구, 곧 불교 수행자는 갈 때나 돌아올 때나 의식해서
가고 오고, 앞을 볼 때나 뒤를 볼 때나 의식해서 그것을
행하고, 두 팔을 펼 때나 오므릴 때나 의식해서 그것을

126

행하고 (중략) 먹을 때, 마실 때, 씹을 때, 맛볼 때도 의식해서 그것을 행하고, 대소변을 볼 때도 의식해서 그것을 행하고, 걸을 때, 설 때, 앉을 때, 잠잘 때, 깨어 있을 때, 이야기할 때, 잠자코 있을 때도 의식해서 그것을 행하라.

이것은 달리 말하면 살아서 하는 행동 일체를 의식화하는 훈련을 말합니다. 그렇게 할 때 비로소 우리는 우리가 얼마나 무자각한 상태에서 살고 있는지 알 수 있습니다. 이 훈련을 통해 우리는 우리 행동이 거의 다 바깥 세계의 정보에 대한 무의식적이자 자동적인 반응으로 이루어지고 있다는 것을 환하게 알게 됩니다.

이 훈련은 '지금, 여기'에 사는 훈련이기도 합니다. 우리는 '지금, 여기'에 없는 것에까지 조건 지어져 버리는 존재입니다. 우리는 바꿀 수 없는 과거의 일로 평생 남을 원망하거나, 아직 오지 않은 미래의 일을 걱정하면서 괴로움에 빠져삽니다. 거기에서 벗어나려면 철저히 '지금, 여기'를 알아차리는 훈련이 필요합니다.

수행자가 아니면 이 훈련을 그대로 행하기 무리지만,

자신의 삶을 바꾸고 싶은 사람은 그에 준하는 훈련이 꼭 필요합니다. 줄곧 말해 왔듯이, 자신의 행동이나 감정이 얼마나 자동적으로 일어나는지를 그 자리마다 알아채는 것 말고는 괴로움에서 벗어날 수 있는 길이 없기 때문입니다.

예를 들어봅시다. 거의 모든 사람이 '나는 착한 사람'이라고 생각합니다. 하지만 누군가에게 화를 낸다거나 미워한다거나 하는 일이 전혀 없는 사람은 없습니다. 그럴 때 우리는 나쁜 것은 모두 저쪽이라고 생각합니다. 나는 피해자라고 믿습니다. 자신의 분노를 정당화하지 않는 사람이 없습니다. 그렇게 하면 '나는 착한 사람'이라는 믿음을 깨지 않을 수 있습니다.

이때 필요한 것이 지켜보기입니다. 화가 날 때 마음의 움직임을 잘 지켜보는 겁니다. 정말 나는 피해자이기만 한 것인지 잘 관찰해 봐야 합니다. 화가 나 있을 때 우리는 화와 하나가 돼 있기 때문에, 처음에는 그 순간에 자신의 마음을 바라보기가 좀처럼 잘 안 됩니다. 그러므로 처음에는 화가 가라앉은 뒤에 돌아보며 생각해 보는 정도로도 좋습니다. 그런 실천 속에서 '화'란, 곧 나의 반응이라는 사실을 알게됩니다. 저쪽의 말이나 행동이 다가 아닙니다. 그것이 화가 일어나는 계기를 제공하기는 합니다. 하지만 거기에 반응하는 그 무엇이 내게 없다면 화는 일어나지 않는다는 걸 알게 됩니다. 아래에서 좀 더 자세히 살펴보기로 합니다.

인과(因果)와 연기(緣起)

'인과'와 '연기'란 무엇일까요? 인과란 직접적인 원인과 결과의 관계를 말합니다. 그리고 연기는 '인'과 '과'를 가져오는 간접적인 조건입니다.

간단한 예를 들어볼까요. 꽃은 물이 없으면 피지 못합니다. 꽃에는 물이 필요합니다. 또한 흙도 필요하고, 적당한 온도도 필요합니다. 그렇다고 해서 물이나 흙이나 온도가 꽃을 피우는 원인이라고는 할 수 없습니다. 그것은 꽃이기 때문에 꽃이 피는 것입니다. 그것이 돌이라면 아무리 물을 줘도, 온도가 올라가도 아무 일도 일어나지 않습니다. 꽃이라는 '인(因)'이 없으면 꽃이라는 (꽃이 피는) 결과도 따라서 없습니다. 그렇다면 물이나 온도는 무엇일까요? 꽃을 피우는 '계기'입니다. 물이나 온도라는 조건이 갖추어졌을 때 꽃은 필 수 있습니다. 이것을 '연(緣)'이라고 합니다. 그러나 아무리 조건이 잘 갖추어져 있다고 해도 꽃이라는 '인'이 없으면 꽃은 필 수 없습니다. 그것은 너무나 당연한 일입니다.

누군가의 말에 화가 날 때는 화의 '인'을 내가 가지고 있는 것입니다. 내 안의 인이 누군가의 말이라는 '연'에 따라 마치 꽃이 피듯이 현실화하는 겁니다. 만약 내 안에 '인'이 조금도 없다면 같은 말을 들어도 화가 일어날 리 없습니다.

마음을 맑게 하면 자유로워진다

불교에서는 마음을 맑힌다, 비운다는 표현을 합니다. 8정도 속에도 마음을 깨끗하게 하는 훈련이 많이 있습니다. 마음이 청정하면 집착이나 분노에서 벗어나 있을 수 있습니다. 마음을 티 없이 갖는 것이란, 자신의 마음에서 집착이나 분노의 '인'을 없애 가는 것을 말합니다. 인이 없는 곳에는 과도 없습니다.

마음과 인과 관계가 가장 깊은 것은 몸입니다. 몸에 화라는 반응이 나타나면 흔히 정신에도 화가 일어납니다. 하지만 자신을 관찰하는 훈련이 깊어지면 감정의 동요가 몸에 일어나기 시작하는 바로 그 순간에 그것을 알아차릴 수 있습니다. 알아차리면 반응이 마음으로 올라오는 것을 차단할 수 있습니다. 요컨대 그만큼 냉정하게 자신을 바라볼 수 있다는 겁니다. 화에 몸을 맡기는 것과는 정반대로 '화가 나 있는 나'와 '보고 있는 나'가 있어서, 화와 하나가 돼 버리는 걸 막을 수 있는 것입니다.

이에 관해서는 《상응부相應部》 제36 〈수상응受相應〉이라는 경전에 대단히 실천적인 방법이 소개돼 있습니다.

예를 들면 한 화살에 두 번이나 맞는 사람이 있다. 비구들이여, 가르침을 듣지 않은 범부들이 그와 같다. 그들은 괴로움의 감수(感受)에서 그치지 않고 거기에 덧붙여 걱정하고, 피로해 하고, 슬퍼하고, 상심하여 울고, 어쩔 줄 몰라 한다. 이와 같이 그들은 두 종류의 감수로 고통을 받는다. 신체적 감수와 정신적 감수다.

그리고 고통의 감수로 힘들 때 그는 분노를 품게 된다. 고통의 감수로 분노를 품게 된 이 사람에게는 괴로움의 감수에 따른 분노라는 습성이 붙는다. 아울러 그는 고통의 감수로 괴로울 때 욕망에 따르는 쾌락을 찾는다. 왜 그런가? 가르침을 듣지 않은 범부는 욕망에 따르는 쾌락 말고는 고통의 감수로부터 벗어나는 길을 모르기 때문이다. 이처럼 욕망에 의한 쾌락을 즐기는 그 사람에게는 탐욕이라는 습성이 붙는다.

이상은 붓다의 가르침을 듣지 못한 사람의 반응입니다. 이와는 반대로 가르침을 듣고 익힌 사람의 반응은 어떨까요?

비구들이여, 그러나 가르침을 잘 듣고 익힌 제자들은 육체적 고통의 감수로 힘들더라도 근심하지 않고, 피로해 하지 않고, 슬퍼하지 않고, 상심하여 울지 않고, 어쩔 줄 몰라 하지 않는다. 그는 오직 한 가지 육체적 감수만을 느낄 뿐 정신적인 감수로 고통을 겪지 않는다. (중략) 그리고 고통의 감수로 힘들더라도 그는 분노를 품는 일이 없다. 이처럼 괴로움의 감수로 힘들더라도 분노를 품는 일이 없는 그 사람에게는 고통의 감수에 의한 분노의 습성이 붙지 않는다.

다시 말하면 뭔가 좋지 않은 일이 있어서 몸이 자동적으로 분노라는 반응을 일으키더라도, 그것을 거기서 냉정하게 바라볼 수 있다면 분노가 정신까지 침입해 오는 일 없이 사라져 버린다는 겁니다. 슬로 모션 비디오를 보고 있는 것처럼 자신을 관찰하는 힘을 가지게 되면 분노와 욕망이라는 무의식적인 행위로부터 점점 자유로워질 수 있게 된다는 얘기지요.

그러나 아무리 훈련을 거듭해도 바깥 세계와의 조건 지어짐에서 완전히 해방되는 사람은 없습니다. 그러므로 바깥 세계로부터 오는 정보에 신체가 자동적으로 반응해 버리는 일은 피할 수 없습니다. 하지만 그것은 순간적인 신체 반응에 지나지 않기 때문에 정념 수련을 한 사람은 그 반응에 따르지 않고 자신이 의식적으로 선택한 반응을 하는 게 가능합니다.

속박을 푼다는 것의 의미

같은 경전 뒤쪽에는 정념 수련을 한 사람은 '그가 만약 즐거움을 느낀다면 속박을 푼 사람으로서 그것을 느낀다. 만약 괴로움을 느낀다면 속박을 푼 사람으로서 그것을 느낀다'라고 쓰여 있습니다. 여기서 '속박을 푼'이란 어떤 뜻일까요? 그것은 몸과 마음의 의존 관계를 해체했다는 뜻입니다. 좋지 않은 일이 있으면 이전에는 그것이 자동적으로 분노로 나타났을 테지만, 지금은 의식적으로 멈출 수 있다는 겁니다.

이 점에 관해서는 제가 체험한 일이 있습니다. 한 회사가 있었습니다. 싸가지 없는 사장으로 유명한 회사였습니다. 그는 사람을 사람으로 대하지 않는 사람이었습니다. 그래서 마음을 단단히 먹고 가도 사장을 상대하다 보면 나도 모르게 기분을 상해 버리는 일이 많았습니다. 누구나 다 그의 막말에, 상대방에 대한 배려가 없는 행동에 그만 화가 나 버리는 거지요. 불유쾌한 경험을 하게 되는 거지요.

그러던 어느 날이었습니다. 그날 저는 친구와 함께 그 회사에 가게 됐습니다. 그런데 친구는 뜻밖에도 사장의 몰상식한 응대에도 마음을 상하지 않았습니다. 상하기는커녕 웃으며 말을 걸기까지 했기 때문에 사장이 오히려 놀랄 정도였습니다. 회사에서 일을 마치고 나오며 친구에게 물었습니다. '자넨 저 사장의 태도가 마음에 걸리지 않았어?' 친구는 웃으며 대답했습니다. '나는 내 감정이 남에게 좌우되는 일이 없도록 늘 조심한다네.' '…….' '그리고 저 사장의 행동은 저 사장 책임 아닌가? 그걸 내가 받을 이유가 없지.'

친구는 그런 일로 자기가 흔들리지 않도록 조심했습니다. 조심, 곧 마음을 다스렸던 겁니다. 그 친구를 보면 화란 꼭 저쪽이 나쁘기 때문에 일어나는 것만은 아닙니다. 화란 이쪽에 분노의 '인'이 있을 때 일어나게 된다는 걸 잘 알 수 있습니다. 그 사장의 '사람을 사람으로 보지 않는 태도'를 접하면 거의 모든 사람이 자동적으로 화라는 반응을 보입니다. 하지만 친구는 그런 자동적인 반응이 일어나는 순간 알아채고, 반응을 거기서 멈춰 버린 것입니다.

'사장의 행동은 사장 책임이다'라는 친구의 말도 중요합니다. 분노의 '인'을 가지고 있는 사람에게는 사장의 태도가 '계기=연'이 돼서 '분노'라든가 '기분을 상하는' 일 등이 일어납니다(꽃이 핍니다). 거기서 끝이 아닙니다. 이번에는 그 사람이 다른 누군가에게 언짢은 태도를 취하게 됩니다. 자기도 모르게 상한 기분을 그렇게 터뜨리게 됩니다. 그것이 다시 '계기=연'이 됩니다. 화가 멈추지 않고 퍼져갑니다. 꽃이 핍니다.

우리가 행하는 모든 행동이나 말은 '과果'를 낳는 '연緣'이 됩니다. 모든 것이 이어져 있기 때문입니다. 물리의 세계에서는 이 세계가 하나인 것이 벌써 증명되었습니다. 모든 것이 이어져 있어 무엇 하나 독립돼 있지 않은 이 '공'의 세계에서는 '과'를 낳지 않는 것이 하나도 없습니다. 하나로 이어져 있기 때문에 모든 것이 연동하는 것입니다.

만약 친구가 분노의 씨앗을 가지고 있어 사장의 행동에 화가 났다면 어떻게 됐을까요? 그의 화는 분노의 씨앗을 가지고 있는 사람의 분노를 꽃 피우는 연으로서 다음에서 다음으로 끝없이 퍼져갔을지도 모릅니다. 꽃을 피우는 데까지 나아가지 않았더라도 꽃을 키우는 역할은 했을 테지요.

하지만 친구는 분노의 씨앗을 가지고 있지 않았습니다 (어쩌면 가지고 있었는데, 그것이 피어나는 걸 거부했을지도 모릅니다). 그래서 '사장의 분노'와 연을 끊어버릴 수 있었습니다. 사장의 행동은 사장의 책임이라는 말은 그런 뜻입니다. 사장의 행동은 사장의 행동입니다. 그렇게 보고 사장의 것이 내 감정으로 옮겨오는 것을 그는 단호하게 거부했던 겁니다.

이것으로 알 수 있듯이 분노라는 번뇌의 씨앗을 없애버리는 일은 그 사람만의 일로 그치지 않습니다. 그에 따라 세계는, 얼마가 됐든, 바뀝니다.

어떤 사람은 일어나는 대로 분노를 발산하는 게 자유로운 행동이라고 여깁니다. 그런 사람은 먼저 자신의 분노가 바깥 세계의 정보(이 경우에는 사장의 행동)에 대한 자동적인 반응이 아닌지를 살펴보아야 합니다. 그 자리에서는 그런 생각을 할 수 없더라도 뒤에라도 돌아보며 그때 자신이 자유 의지로 행동했는지, 혹은 그 행동밖에 취할 수 없었는지 생각해 보아야 합니다. 그런 행동밖에 취할 수 없었다면, 그것은 자유로운 행위가 아닙니다. 내가 가지고 있는 행위의 씨앗이 기회를 얻어 꽃 피었을 뿐입니다.

싸가지 없는 사장의 사례는 자기밖에 모르는 사람이 있으면 세상에 어떤 일이 일어나는지를 보여줍니다. 그런 경우 화를 내거나 기분이 상하지 않기 어렵습니다. 따라서 이것이 회사의 인간관계라든가 엉클어진 가정이라고 한다면, 우리는 스스로 자각하지 못한 채 번뇌의 덩어리와 같은 행동을 반복하기 쉽습니다. 그럴 때 우리는 나의 분노나 화는 정당하고, 잘못은 저쪽에 있다고 생각할 수밖에 없습니다. 자기 안에 분노와 탐욕의 씨앗이 있고, 그것이 꽃피고 있는 줄은 까맣게 모르기 쉽습니다.

사고의
조건 지어짐을
푸는 훈련, 정정正定

알아차리기 위해서 왜 반야의 지혜가 필요할까?

8정도 가운데 '정념'과 함께 중요한 것이 '정정', 곧 명상입니다. 이것은 선禪이라는 형태로 우리나라에 들어왔습니다. 그런데 일부에서는 좌선이 절이나 참선센터에서만 해야 하는 것처럼 받아들여지고 있어 유감입니다. 명상은 어떤 자세로 해도 됩니다. 어디서나 해도 됩니다. 명상의 목적만 잘 알고 있으면 어디 가지 않아도 됩니다. 혼자서 자기 집에서 해도 아무런 문제가 없습니다.

명상의 목적은 무엇일까요? 그것은 바깥 세계에 조건 지어져서 자동적으로 일어나는 우리의 나날의 행동을 그 조건 지어짐으로부터 풀어내는 데 있습니다. 조건 지어짐이란 과거에 만들어진 것이기 때문에 그것을 해체하는 일은 '지금, 여기', 현재에 사는 훈련이라고 해도 좋습니다.

우리는 이제까지 감정의 조건 지어짐에 대해 꽤 길게 이야기를 해왔습니다. 다음은 사고입니다. 사고의 조건 지어짐에 관한 이야기입니다.

반야의 지혜를 이야기할 때, 이 책을 읽는 분 중에는 그것이 우리가 흔히 말하는 정신 활동인 '사고思考'와 어디가 다른지 의아스러운 분들이 있을지 모릅니다. 우리에게는 정신이 있고, 그것이 '알아챈다'라고 하는 활동을 하고 있지 않느냐. 그런데 왜 굳이 알아채기 위해 '반야의 지혜'라는 것이 필요한가 하고 말이지요.

결론부터 말하면, 우리의 사고 또한 우리의 감정처럼 바깥의 것에 조건 지어져 있기 때문입니다. 그 결과 우리 존재가 조건 지어져 있다는, '공하다'라는 사실이 보이지 않는 것입니다.

'수상행식'이란 무엇인가?

불교에서는 마음의 활동을 네 단계로 나눠서 봅니다. 한자로 '수상행식受想行識'이라고 하는데, 하나의 단어처럼 묶어서 씁니다. 《반야심경》에서는 '색즉시공(색은 실체가 아니다)'

이라고 한 뒤에 이어서 '수상행식역부여시(수상행식 또한 이와 같다)'라고 말합니다. '물질 현상이 실체가 아닌 것처럼 마음의 현상 또한 실체가 아니다'라는 뜻입니다. 쉬운 나날의 말로 '수상행식'을 풀어보면 다음과 같습니다. 이 네 가지에 관해 여러 가지 설이 있고, 우리말 번역 또한 한 가지가 아니지만, 다음과 같이 옮겨 봅니다.

수 = 감각 작용

상 = 표상(이미지) 작용

행 = 마음과 몸이 조건 지어지는 작용

식 = 인식 작용

여기서 '수'란 지각의 첫 단계로 보면 됩니다. '상'은 지각이 불러오는 기억, 곧 이미지입니다.

예를 들어 책상 위에 놓여 있는 전화의 수화기를 보았다고 합시다. 수화기를 본다는 것은 수화기의 색깔과 모양, 이제까지 계속해서 이야기해 온 '색'이라는 시각적 정보가 눈에 들어온 것을 말합니다. 이것이 제1단계인 '수'입니다.

수화기를 보고, 과거에 보았던 수화기의 이미지 따위가

자동적으로 떠오르는 것이 '상'의 단계입니다. 이것은 기억이 상기되는 메커니즘입니다. 이 상의 과정이 없으면 우리는 자신이 보고 있는 것이 무엇인지 알 수 없습니다. 수화기가 수화기임을 아는 것은 '상'이 있기 때문입니다.

다음은 '행'입니다. '행'에 관해서는 학자 사이에서 해석이 여러 가지로 나뉩니다. 저는 기억(이미지)이 작동하고 그것이 신경계의 네트워크를 통해 자동적으로 몸을 움직이기 시작하는 단계, 곧 초기 행위가 시작되는 단계라고 봅니다. '행'의 단계에서는 정보가 신체 운동이라는 현상을 만들어 냅니다. 말하자면 상상이 현실화하는 단계입니다.

예를 들어 전화를 하려고 책상 위의 수화기를 바라볼 때를 생각해 봅시다.

1. 수화기의 '색깔과 모양'이라는 시각적인 정보에
   접한다('수'의 단계)
2. 기억(이미지)이 움직인다('상'의 단계)
3. 우리 몸이 자동적으로 수화기까지의 거리를 잰다
   거나, 혹은 수화기를 들어올리기 위해 필요한
   근육의 움직임을 조정하는 작업이 이루어진다('행'의 단계)

이렇게 되지 않으면 우리는 수화기를 들어 올리는 간단한 행위조차 할 수 없습니다. 본다는 건 이처럼 몸의 운동 시스템까지 포함한 복잡한 행위입니다.

'식'이란 이런 자동적인 작업 전반이 다 끝난 뒤에 오는 것으로 흔히 '인식'이라 부르는데, 자신이 한 일에 대한 흐릿한 의식에 지나지 않습니다. '내일은 맑을까?', '오늘은 아쉽다', '쟤는 진짜 바보다', '저 보고서, 저래서 괜찮을까?', '언젠가 저 사람에게 복수를 할 거야' 등 나날살이에서 떠오르는 잡다한 생각이 곧 '식'입니다. 조건 지어진 머리가 생각하는 잡념이라고 해도 좋은 걱정하기, 기대하기, 바라기, 후회하기, 욕 퍼붓기 등 우리를 괴로움에 빠뜨리고 그것을 돕는 정신 활동입니다.

명상이 필요한 것은 이렇게 조건 지어져 있는 일상적인 사고로부터 벗어나기 위해서입니다.

머리와 마음을 쉬는 연습

흔히 잡념을 버리라고 합니다. 하지만 잡념이란 버리려고 한다고 버려지는 게 아닙니다. 머리가 제멋대로 온갖 것을 끊임없이 생각해 내기 때문입니다.

조건 지어진 사고는 대단히 뿌리 없는 논리로 진행되는 것이 특징입니다. 예를 들어봅시다. 약속한 사람이 늦어지면 우리 머리가 제멋대로 돌아가기 시작합니다. 머리는 그것을 '내가 싫어진 증거'라고 여깁니다. 저 혼자 그렇게 생각합니다. 그러고선 그다음 주에 있는 내 생일에 그의 선물이 오지 않거나 하면 내게서 마음이 떠난 것이 분명하다고 확신해 버린다거나 합니다. 사실은 그게 아닌데 생각나는 대로 상대를 나쁘다고 믿고, 다음에 만났을 때는 만나자마자 상대를 쏘아붙이는 어리석은 일을 저지릅니다. 그렇게 상대로부터 공연히 미움을 사고마는 사람이 적지 않습니다.

그런 사람은 무엇보다 먼저 머리를 쉬게 하는 것이 좋습니다. 그 길밖에 없습니다. 아무 생각도 하지 말라는 건 무리이기 때문에 생각을 해도 좋으나, 그렇게 올라오는 생각은 단지 '생각'일 뿐 '사실'이 아님을 아는 것이 중요합니다.

명상에는 잡념을 없애는 훈련도 물론 있지만, 잡념이 올라오는 대로 그것을 가만히 바라보는 방법도 있습니다. 흘러가는 생각을 그저 물끄러미 보기만 할 뿐입니다. 그렇게 하면 생각을 따라 무의식적으로 하던 행동을 멈출 수 있

143

습니다.

이것은 정보가 '상'의 단계에서 '행'의 단계로 바뀌는 것을 막는 훈련입니다. 자기 머릿속에서 비대해진 공상이나 망상에 기초해 움직이는 무의식적인 행동을 막는 훈련입니다. 거기에는 명상 시간, 곧 생각이 바로 행동으로 발전해 가지 않도록 시간을 갖는 일이 필요합니다. 나날살이에서 우리에게 온 정보는 '상'에서 '행'으로 자동적으로 발전해 갑니다. 그런 상태에서는 우리의 행동 패턴이 바뀌지 않습니다. 그럴 때는 몸이 안 좋을 때 신체검사를 해본다거나 휴식이 필요한 것처럼 정신도 그런 시간이 필요합니다.

우리는 나날의 삶 속에서, 예를 들어 10분이나 20분이라도 아무 일도 하지 않고 고요히 자기 정신과 하나가 되어 지내는 시간을 가져야 합니다. 얼마 안 되는 그 시간이 우리 삶의 방식을 바꿔 가는 큰 힘을 가지고 있습니다. 바깥 세계의 '색', 곧 모양과 색깔 있는 것에 조건 지어져서 무의식적으로 행동하는 한 우리는 괴로움으로부터 벗어날 수 없기 때문입니다.

나날살이 속에서 잠깐 시간을 내어, 혹은 틈틈이 자신의 호흡에 의식의 빛을 쪼이는 겁니다. 그러는 가운데 지금

144

까지 오래도록 바깥 세계의 온갖 대상에 의식이 못 박혀서 꼼짝 못 하며 살아 왔음을 갑자기 알아채게 되는 순간이 옵니다. 그리고 호흡이 깊어지는 걸 깨닫게 될 겁니다. 지금까지는 바깥 세계와 하나가 돼 있어서, 속박이 돼 있어서, 스스로 자신을 모두 잃어버리고 있었다는 사실도 자각하게 될 것입니다. 호흡을 의식하는 것, 들고나는 숨에 의식을 두는 것만으로도 바로 자신을 되찾을 수 있습니다.

'정념'과 '정정'. 불교의 두 가지 훈련법입니다. 두 가지 모두 최종적으로는 '반야의 지혜'를 완성하는 것이 목적입니다. 그곳에 이르기 위한 훈련이 정념이고 정정입니다. 괴로움으로부터 벗어나기 위해 필요한 훈련입니다. 요컨대 괴로움에 관한 네 가지 진리인 고집멸도의 마지막 진리인 '도道, 괴로움을 없애는 방법'의 방법이자 길입니다.

내가 나를

사랑하지 않으면

누가 나를

사랑해 줄까?

받아들임

누구나
행복해질 수
있다

인간은 끝없는 가능성을 가진 존재

지금까지 인간이 얼마나 조건 지어져 있는 존재인지, 기계와 같은 존재인지만 강조해 온 것 같습니다. 붓다가 그런 면을 강조하고 있기 때문에 어쩔 수가 없었습니다. 하지만 그런 면만을 이야기하면 불교가 가진 적극적인 면이 누락돼 버립니다. 불교는 괴로움으로부터 벗어나는 것만을 목적으로 하는 그런 소극적인 종교가 아닙니다. 열반이라는 절대적인 정적의 세계를 목표로 한다고 말하는 사람들이 있으나, 그렇지도 않습니다.

붓다는 인간이 행복해질 수 있을 뿐만 아니라, 가능성을 끝없이 펼쳐갈 수 있는 존재라고 말합니다. 그렇다면 그 길이 어디에 있을까요? 먼저 조건 지어진 채로 무의식적으로 했던 행동을 알아채고, 그 틀을 해체해 가는 작업을 해야 합니다. 그 일에 성공하면, 조금 과장해서 그 사람은 다른 종류의 사람이 된 것처럼 온갖 능력을 꽃피울 수 있습니다.

조건 지어짐을 풀기 위해 필요한 것을 저는 앞에서 여러 가지로 거론했습니다. 그중 우리의 태도로서 가장 중요한 것이 무엇이냐 하면, 지금 있는 그대로의 자신을 받아들이는 일입니다. 자신을 받아들일 수 있으면 바깥 세계에 의지하는 일이 사라지며 온갖 조건 지어짐이 절로 해체되기 때문입니다.

자신을 받아들일 수 없는 이유는 자신의 가치를 스스로 믿을 수 없기 때문입니다. 이제까지 인생에서 우리는 너무나 바깥 세계로부터 주어지는 가치에 의지해 왔습니다. 여러 경쟁에서 패배한 것이 상처가 되어 남아 있고, 하고 싶은 일은 많은데 그것의 100분의 1도 하지 못했다는 무력감도 있습니다.

그런 상처가 깊으면 깊을수록 어떻게 해서든 마음의 상처를 고치려고 더 바깥 세계에 매달립니다. 경쟁에 매진합니다. 다람쥐 쳇바퀴 돌기와 같습니다. 그런데 갑자기 있는 그대로의 자신을 받아들이라고 하면, 어떻게 해야 좋을지 알 수 없습니다. 여기서 또 '출세한 나'라면 받아들일 수 있을 텐데, '사랑받는 나'라면 받아들일 수 있을 텐데 하는 식으로 생각합니다. 그렇게 결국 자신을 받아들이지 않은 채, 받아들일 수 없는 채 시간이 흘러가 버리고 맙니다.

있는 그대로의 자신을 받아들일 수 없는 까닭은 무엇일까요? 그것은 있는 그대로의 자신을 인정할 수 없기 때문입니다. 우리는 자신에게도 요구하고, 집착하고, 화를 냅니다. '이렇게 됐으면 좋았을 것을'이라는 이상에 따라 스스로를 심판하고, 이상에서 멀리 떨어져 있는 자신을 인정하지 못하고 받아들이지 못합니다.

우리는 자신을 '인정하지 않는' 것이 아니라 '인정할 수 없는' 것입니다. 스스로는 전혀 깨닫지 못하고 있지만 우리는 자신을 인정하고 싶지 않은 감정의 노예가 되어 거기에 갇혀 있습니다. '여러 경쟁에서 패배한 나', '주위 사람으로부터 인정을 못 받는 나'에 대해 누군가에게 화가 나 있을 때와 똑같이 화를 참을 수 없는 것입니다.

한마디로 우리는 스스로에 '집착'하고 있을 뿐 자신을 '사랑'하고 있지는 않습니다.

나에 대한 집착을 버릴 때 남을 향한 집착도 버릴 수 있다

이에 대해 거의 모든 사람이 잘못 생각하고 있습니다. 자신을 사랑하지 않는 사람은 물론 없습니다. 하지만 그건 자신이 기쁨의 대상이 돼 있을 때뿐입니다.

예를 들어 '출세한 나'는 기쁨의 원천, 샘이 됩니다. 그런 자신에게는 집착하지만, 그것으로부터 얻고자 하는 것은 기쁨뿐입니다. 참다운 뜻에서 자신에 대한 애정 따위는 없습니다. 그러니 '경쟁에서 진 나'는 분노의 대상밖에 안 되는 것입니다. 그럴 때 우리는 우리 안에 배반자를 품고 있는 것과 같은 심경입니다. 기대에 따르지 못한 자신을 받아들일 수 없어서 자살하는 사람마저 있습니다. 자기에 집착한 나머지 기대를 '배반한 나'를 스스로 죽여버리는 겁니다.

자신에 집착하고 있을 뿐 사랑하지 않는다는 사실을 깨닫지 못하면 아무리 세월이 가도 행복해질 수 없습니다. 내가 나를 사랑하지 않으면 누가 나를 사랑해 줄까요? 내가 받아들이지 않으면, 누가 나를 받아들여 줄까요? 자신이 인정해 주지 않는데, '나'는 대체 어디로 가야 한단 말입니까?

사실은 자신을 인정하지 않는 (자신에 집착하는, 요구하는) 데서부터 남 또한 인정할 수 없는 (집착하는, 요구하는) 태도가 나옵니다. 태도는 하나입니다. 나는 '사랑스럽다' 여기면서 남은 아무래도 좋다고 생각하는 게 인간에게는 불가능합니다. 사실은 나도 아무래도 좋다고, 하찮게 여기고 있는 것입니다. 그 사실을 알아채지 못하고 있을 뿐입니다. 자신에 대한 태도와 남에 대한 태도는 하나입니다.

자신에 대한 집착을 버렸을 때 비로소 남에 대한 집착도 버릴 수 있습니다. 있는 그대로의 나를 받아들일 수 있을 (집착하지 않을) 때 비로소 있는 그대로의 남도 받아들일 수 있습니다. 집착하지 않을 수 있는 겁니다. 남에게 뭔가를 하는 것과 나에게 하는 것은 같습니다. 남에게 잔혹한 사람은 자신에게도 잔혹합니다. 그 사실을 모르고 있을 뿐입니다.

자신을 받아들이는 (자기를 향한 요구를 버리는) 행위는 기적 같은 효과를 가져옵니다. 그때 비로소 사람은 자유로워질 수 있습니다. 남을 향한 요구도 버릴 수 있기 때문입니다. 아무런 요구 없이 남을 대할 수 있으면 상처를 입는 일 또한 없습니다.

집착이란 자신의 요구에 꼼짝 못 하고 붙들려 있는 것입니다. 왜 그렇게 되는가 하면 요구가 채워지면 행복해질 수 있다고 굳게 믿고 있기 때문입니다. 하지만 사실은 그렇게 붙들려 있기 때문에 행복해질 수 없는 겁니다. 요구를 버리기만 하면 그 자리에서 행복해질 수 있습니다.

행복해지는 데 뭔가 부족하기 때문에 무언가를 요구하고 (갖고 싶어 하고), 그것을 얻으면 나는 행복해지리라고 생각하며 우리는 살아왔습니다. 사실은 그 반대입니다. 갖고 싶어 하는 행위 자체가 불행을 불러옵니다. 우리는 지금 이 순간, 무엇 하나 부족하지 않습니다. 행복해지는 데 필요한 모든 것이 주어져 있습니다. 더 있어야만 할 것이 하나도 없습니다.

우리에게는 무엇 하나 부족한 것이 없다

읽기

마음의 움직임을
멈추게 하는
《반야심경》

《반야심경》이라는 경전은 왜 있는 걸까?

다른 이유가 아닙니다. 붓다의 가르침은 우리가 무명 속에 있고, 거기로부터 벗어나기 위해서 어떻게 하면 좋은지, 그 길과 방법을 설한 것입니다. 여기에는 우리가 행복해지는 길을 모르고 있다는 전제가 깔려 있습니다.

하지만 그렇게 뭔가 부족하다 여기는 생각 자체도 조건 지어진 사고방식이 아니냐, 그렇게 생각하는 입장도 당연히 나오겠지요. 모든 것이 '공'하다면 당연히 붓다의 가르침 또한 '공'하다는 겁니다. 붓다의 가르침만을 실체라고 하면 수미일관하지 않기 때문입니다. 앞뒤가 안 맞기 때문입니다.

《반야심경》은 그런 입장에서 쓰였습니다. 공하다는 사실을 철저히 추구해 가면 당연히 그렇게 되지 않을 수 없습니다. 모든 것이 공하기 때문에 붓다의 가르침만을 특별시

하는 것은 잘못입니다. 무명에서 벗어난다, 깨닫는다는 도식 자체도 공합니다. 그러므로 무명도 없지만 깨달음도 없다, 괴로움이란 것도 없지만 괴로움에 관한 네 가지 진리라는 것도 없다, 12연기설도 없다, 깨달음에 이르기 위한 지혜도 없다······가 되는 것입니다.

왜 이런 극단적인 입장을 취할 수밖에 없냐 하면, 붓다의 가르침이 있고 가르침을 받는 내가 있다, 깨달음이 있고 무명이 있다는 그런 구별하는 마음을 가지고 있는 한 곧바로 우리는 조건 지어진 사고방식으로 돌아가 버리기 때문입니다. 행복해지기 위해서는 이것저것이 필요한데 내게는 아직 이것이 없다, 저것이 없다, 그러므로 이것을 하지 않으면 안 된다, 다음에는 저것을 하지 않으면 안 된다며 끝이 없어져 버리기 때문입니다. 우리는 깨달음에도 집착하기 시작합니다. 그래서 무언가로 그런 구별하는 마음의 움직임을 완전히 멈추게 할 필요가 있습니다. 《반야심경》은 그 역할을 맡으려고 등장한 것처럼 보이는 경전입니다.

《반야심경》은 붓다의 제자 중에서 지혜제일이라고 하는 샤리푸트라(사리자)를 향해 관자재보살이 설교하는 구성으로 돼 있습니다. 샤리푸트라는 붓다의 가르침에 정통합니다. 그런 이를 향해 붓다의 가르침도 실체가 없다고 선언하고 있는 것입니다.

《반야심경》을
읽는 법

붓다가 편 가르침의 정수를 모두 부정해 간다

《반야심경》 풀이가 가장 뒤에 놓인 까닭은 원문만을 읽어서는 아무것도 알 수 없기 때문입니다. 한자가 아니라 현대어로 옮겨 읽어봐도 마찬가지입니다. 그 뜻을 알 수 없습니다. 그것은 이 경전이 붓다가 편 가르침의 정수를 모두 부정하는 황당한 경전이기 때문입니다. 그것이 무엇을 의미하는지 알지 못하고서는, 달리 말해 위치 감각 없이는《반야심경》이 무슨 말을 하고 싶어 하는지 알 수 없기 때문입니다.

그래서 우리말 풀이를 맨 뒤에 놓을 수밖에 없었습니다. 하지만 지금까지 중요한 내용은 다 설명했기 때문에 이제는 문제가 없습니다.

觀自在菩薩　　　　　관자재보살이

行深般若波羅蜜多時　반야바라밀다를 깊이 행할 때

照見五蘊皆空　　　　오온이 공함을 조견하고

度一切苦厄　　　　　일체의 고통을 극복했다

관자재보살이란 관세음보살입니다. 말 그대로 자재하게 보는 힘을 가진 보살입니다. 보살이란 보디사트바 Bodhisattva라는 산스크리트어의 음을 한자로 옮긴 것으로, 길을 찾는 수행자라는 뜻입니다.

반야, 혹은 반야바라밀다는 지금까지 여러 차례 설명했습니다.

오온의 '온'은 모인 것, 요소라는 뜻으로 오온이란 인간을 구성하는 다섯 가지 요소를 말합니다. '색·수·상·행·식' 다섯 가지입니다. 이 다섯 가지에 대해서도 본문에서 자세히 설명했습니다.

조견照見은 깨닫다, 분명하게 알았다는 뜻입니다.

여기까지는 본문에서 집요하다 할 만큼 설명했습니다.

舍利子　　　　　　　사리자여

色不異空　　　　　　색은 공과 다르지 않고

空不異色　　　　　　공은 색과 다르지 않다

160

色卽是空	색이 곧 공이고
空卽是色	공이 곧 색이며
受想行識	수상행식
亦復如是	또한 그와 같다

이에 관해서도 본문에서 철저히 설명했습니다.

舍利子	사리자여
是諸法空相	이와 같이 모든 것은
	'공'한 성질을 피할 수 없으므로
不生不滅	나지도 않고 멸하지도 않고
不垢不淨	더럽지도 않고 깨끗하지도 않고
不增不減	늘어나지도 않고 줄어들지도
	않는다

제법諸法이란 존재하는 모든 것을 일컫습니다. '존재하는 것은 모두 공상, 곧 실체가 아니다'라는 뜻입니다. '실체가 아니기 때문에, 독립돼 있지 않기 때문에, 하나로 이어져 있기 때문에, 나는 것도 없고 없어지는 것도 없고, 더러운 것

도 없고 깨끗한 것도 없고, 늘어나는 것도 없고 줄어드는 것
도 없다'라고 말하고 있습니다.

是故空中無色	이와 같이 공 속에는 색도 없고
無受想行識	수상행식도 없고
無眼耳鼻舌身意	눈도 귀도 코도 혀도 몸도 뜻도 없고
無色聲香味觸法	색도 성도 향도 미도 촉도 법도 없고
無眼界乃至無意識界	안계도 없고 내지 무의식계도 없고

여기부터는 줄곧 붓다의 가르침을 모두 '없다'라고 말
합니다. 색과 수상행식은 여러 차례 나옵니다. 거기에 '안이
비설신의'라는 감각기관이 따라붙습니다. 이어서 나오는 '색
성향미촉법'은 감각기관이 파악한 바깥 세계의 대상을 말합
니다. 이들은 다음과 같은 관계입니다.

안(눈) → 색(색깔)

[주체]		[대상]
이(귀)	→	성(소리)
비(코)	→	향(냄새)
설(혀)	→	미(맛)
신(몸)	→	촉(촉감)
의(뜻)	→	법

　'신(몸)'이란 촉각을 말하고, '촉'은 촉각이 파악한 대상입니다. '의(뜻)'는 의식하는 활동을 말하고, '법'은 그 의식의 대상입니다.

　'안계도 없고 내지 무의식계도 없다'의 안계란 '눈'과 그 눈으로 '보는 것'으로 이루어지는 영역을 말합니다. '의식계'는 생각하는 것과 생각되어지는 것으로 이루어지는 영역을 말합니다. '내지乃至'란 중간을 생략했다는 뜻으로 18계(육근·육경·육식을 합한 것) 가운데 안계와 무의식계만을 들고 나머지는 줄였다는 뜻입니다. 도식으로 나타내면 다음과 같습니다.

안眼　→　색色　→　안식眼識　→　안계眼界

이耳　→　성聲　→　이식耳識　→　이계耳界

163

비鼻	→	향香	→	비식鼻識	→	비계鼻界
설舌	→	미味	→	설식舌識	→	설계舌界
신身	→	촉觸	→	신식身識	→	신계身界
의意	→	법法	→	의식意識	→	의식계意識界

[육근六根]　[육경六境]　[육식六識]　＝　[18계]

《반야심경》은 갑자기 왜 이런 말을 하는 걸까요? 붓다의 가르침을 잘 모르는 사람은 짐작이 잘 안 될 겁니다. 붓다는 괴로움이 일어나는 까닭을 바깥 세계에 대한 우리 감각기관의 이런 인식 방식을 가지고 설명했습니다. 그걸 모르면 이 대목은 단지 눈이 없다든가, 귀가 없다든가 하는 말도 안 되는 소리로밖에 들리지 않습니다. 이에 관한 다른 경전의 말을 들어보기로 합시다.《상응부교전相應部敎典》제35 〈육처상응六處相應〉을 보면 이렇게 나옵니다.

비구들이여, 눈에 의해 인식되는 [색]이 있고, 그것들은 바람직하고, 사랑스럽고, 상쾌하고, 손에 넣으면 즐거울 것과 같은 모양을 하고 있어 욕망을 느끼게 하고, 애착을 일으킨다. (중략) 눈과 [색]에 의해 안식이 일어난다.

이 세 가지가 모인 것이 마음과 대상과의 접촉(촉)이다. 마음과 대상의 접촉으로 말미암아 마음에 의한 대상의 감수(수)가 있다. 마음에 의한 대상의 감수에 따라 채울 수 없는 욕망(갈애)이 일어난다. 이렇게 괴로움은 일어난다.

다음은 뭘까요?《반야심경》은 이렇게 이어집니다.

無無明 亦無無明盡
무명도 없지만 무명이 다하는 일도 없고
乃至無老死 亦無老死盡
노사도 없고 노사가 다하는 일 또한 없다

무명은 여러 차례 설명했습니다.

여기는 '무명이 있을 때 행이 있고'로 시작하는 12연기설에 관해 말하는 대목입니다. '무명 → 행 → 식 → 명색 → 육입 → 촉 → 수 → 애 → 취 → 유 → 생 → 노사'라고 하여 무명으로부터 노사(괴로움)가 일어나는 프로세스를 도식화한 것이 12연기설입니다. 이것은 '무명이 있을 때 행이 있고,

행이 있으면 식이 있고……'라고 읽어 갑니다. 그러면 마지막은 '생이 있을 때 노사가 있다'가 됩니다.

읽는 방법을 바꿔봅시다. '무명이 다할 때 행이 다하고, 행이 다할 때 식이 다한다……'라고 읽어가면 마지막에 '생이 다할 때 노사가 다한다'가 됩니다.

여기서는 그 둘 다 '없다'라고 말합니다. 요컨대 12연기설은 없다는 것입니다. 내지란 12연기설 전부를 언급하면 길어지니까 중간을 뺀 것입니다.

無苦集滅道	괴로움에 관한 네 가지 진리도 없고
無智亦無得	지혜도 없고 얻는 것도 없다
以無所得故	얻어야 할 것이 아무것도 없음으로

고집멸도는 괴로움에 관한 네 가지 진리를 말합니다. 이것도 앞에서 아주 많이 설명했습니다.

다음의 '무지역무득'은 깨달음을 위한 지혜도 없지만 깨달음을 얻는 일 또한 없다는 과격한 말입니다. 왜 그런 게 없는가 하면, 깨달음이라고 할 만한 것이 없기 때문이라고 말하고 있습니다.

菩提薩埵	보리살타는
依般若波羅蜜多故	반야바라밀다에 따라
心無罣碍	마음에 가애가 없고
無罣碍故	마음에 가애가 없는 고로
無有恐怖	공포도 없다

'보리살타'는 산스크리트어의 보디사트바를 한자로 옮긴 것으로 보살을 뜻합니다. 보살이란 구도자라는 뜻입니다.

'가애'는 사로잡힘을 말합니다. 보살은 반야의 지혜가 있기 때문에 마음에 사로잡힘(구속)이 없고, 사로잡힘이 없기 때문에 공포, 곧 두려움도 없다고 말하고 있습니다.

| 遠離一切顚倒夢想 | 일체의 전도몽상을 멀리 벗어나서 |
| 究竟涅槃 | 열반에 이른다 |

본말이 전도된 모든 망상으로부터 벗어나서 절대적인 평온을 얻는다(구경열반)고 말합니다. 이것은 자아는 실체가 아닐까 하는 망상, 바깥 세계에 가치가 있다 여기는 망상 따위를 버리면 절대적인 안정을 얻을 수 있다는 말입니다.

三世諸佛	삼세의 제불도
依般若波羅蜜多故	반야바라밀다에 따르는 고로
得阿耨多羅三藐三菩提	아누다라삼막삼보리를 얻었다

삼세란 과거, 현재, 미래를 말합니다. 삼세의 부처들도 모두 반야의 지혜에 의지해 완벽한 깨달음을 얻었다고 말합니다. 아늣다라삼막삼보리는 산스크리트어의 아누타라삼약삼보디Anuttarā-samyak-saṃbodhi를 한자로 옮긴 것으로 완전한 깨달음을 말합니다.

故知般若波羅蜜多	고로 알아야 하리, 반야바라밀다를
是大神呪	이것은 대진언이고
是大明呪	이것은 대명주이고
是無上呪	이것은 위 없는 진언이고
是無等等呪	이것은 무등등주로서
能除一切苦	능히 일체의 괴로움을 없애주는
眞實不虛	진실하고, 허위가 아닌 것이다

'고로 알아야 한다'라며 '반야바라밀다는 대진언(커다

란 주문)이고, 밝아지는 주문이고, 위가 없는 주문이고, 견줄
것이 없는 주문이고, 모든 괴로움을 능히 없애줄 수 있는 진
실한 것이다'라고 말합니다. 여기서 말하는 반야바라밀다가
《반야심경》전체를 가리키는 것인지, 아니면 마지막에 나오
는 산스크리트어를 음으로 옮긴 것을 말하는지에 관해서는
아직 정설이 없습니다. 하지만 뒷부분을 주문이라 했다고
보는 것이 좋겠지요.

故說般若波羅蜜多呪	그런 고로
	반야바라밀다 주를 설하노니
卽說呪曰	이와 같다

주문이란 다음과 같다고 말하며 드디어 주문이 소개됩
니다. 앞에서 주문을 소개하는 글이 꽤나 길게 이어졌기 때문
에 우리는 그 주문이란 것에 기대를 하지 않을 수 없습니다.

揭諦揭諦 婆羅揭諦

婆羅僧揭諦 菩提娑婆訶

이것은 산스크리트어의 음을 그대로 한자 말로 옮긴 것으로 원음으로 다음과 같이 읽습니다.

가테가테 파라가테

파라상가테 보디 스바하

'가고, 가서, 저 언덕에 이른 자여. 깨달음이여. 경사로세!'라는 뜻입니다.

주문이라고 하니까 그다지 깊은 뜻은 없지 않겠느냐 하고 생각하는 사람도 있을지 모릅니다. 학자들 사이에서도 이에 관한 정설이 없습니다. 각기 좋을 대로 해석을 해도 괜찮은 곳이지만, 이것이 전체의 마무리 부분이기 때문에《반야심경》에 걸맞은 내용일 것이 틀림없습니다.

여기서 저는 '가고 가서 저 언덕에 이른 자여. 깨달음이여. 경사로세!'를 조금 가공해 보았습니다. '우리 모두는 벌써 강을 건넜다. 여기가 저 언덕이다. 이보다 기쁜 일이 어디 있으랴!' 이렇게 말이지요.

요컨대 이 주문은 우리에게는 이미 행복해지는 데 부족한 것이 아무것도 없다, 여기가 이미 저 언덕이라고 기회가 있을 때마다 자기 자신에게 들려주는 말이라는 겁니다.

앞에서 말했듯이 《반야심경》은 붓다의 가르침을 '공'으로써 일도양단, 곧 한칼에 잘라버린 경전입니다. 그러므로 마지막에서는 벌써 강을 건넜다는 대긍정, 다시 말해 크게 받아들이며 끝나는 것이 가장 이치에 맞겠지요. '무엇 하나 부족한 것이 없다, 모든 것이 좋다'라고 일체를 긍정하면서 말입니다.

자기 자신을 받아들이는 것이 기적을 낳는 열쇠라고 저는 여러 번 말했습니다. 자기 자신을 받아들이는 데 이 주문만큼 좋은 게 없습니다. 기회가 있을 때마다 주문을 외어 자신에 관한 부정적인 믿음을 지워가는 것이 행복해지기 위한 첫걸음입니다. 그렇게 하면 조건 지어져 있던, 무자각적이던 모든 부정적인 사고와 감정으로부터 점차 벗어날 수 있습니다.

자신을 받아들일 때 이런저런 조건을 붙여서는 안 됩니다. 그러기 위해서는 '아무것도 부족한 것이 없다'라고 긍정하는 주문이 필요합니다. 《반야심경》 전체가 이 주문에 둘러싸여 있다고 해도 틀리지 않습니다. 구원은, 최종적으로는 있는 그대로의 자신을 받아들이느냐 아니냐에 달려 있습니다. 거기서부터 새로운 인생이 시작되기 때문입니다.

나.오.며.

172

이 책은 1991년에 첫 판이 나왔습니다. 30년에 가깝습니다. 그 긴 세월 동안 이 책은 독자의 사랑을 아주 많이 받았습니다. 불교 서적은 헤아릴 수 없이 많습니다. 하지만 그 가운데 이 책처럼 불교 전문용어를 거의 쓰지 않고, 나날살이의 문맥 속에서 불교의 가르침을 풀어낸 책은 많지 않다고 봅니다. 이 책이 오랜 세월 독자들의 지지를 받았다는 것은, 그만큼 나날살이에서 괴로움과 싸우고, 모색하고, 갈등하는 사람이 많다는 증거입니다.

대부분 사람은 이론을 알고 싶은 것이 아니라, 괴로움에서 벗어날 수 있는 실천적인 방법을 알고 싶어 합니다. 그것은 병으로 고통을 받는 사람이 의학 지식을 바라는 것이 아니라 수술이든, 약이든, 식사 요법이든 뭐든지 좋으니 좌우간 병을 고쳐주기를 바라는 것과 같습니다.

붓다는 2,500여 년 전에 '나'를 바꿈으로써 괴로움으로부터 벗어날 수 있다고 주장했던 사람입니다. 그 뒤 헤아릴 수 없이 많은 사람이 태어났지만, 괴로움으로부터 벗어나는 길에 관해서는 그가 외쳤던 것을 넘어서는 방법은 아직 나오지 않았습니다.

인간은 살아 있는 한 어딜 가도, 어떤 시대를 살아도 그

시절 나름의 괴로움이 있을 수밖에 없습니다. 나날살이 속에서 다른 사람이 보면 사소한 일인데도 거기에 상처를 받거나 후회할 행동을 합니다.

붓다가 가르쳐준 괴로움으로부터 벗어나는 방법이란 그런 뜻에서 더욱 존재감이 늘어납니다. 어떻게 살아야 좋으냐는 지침으로서 붓다의 가르침만큼,《반야심경》만큼 잘 듣는 처방전은 없기 때문입니다.

반야심경

인문학을 좋아하는 사람들을 위한

2020년 4월 17일 초판 1쇄 발행
2024년 5월 31일 초판 7쇄 발행

지은이 야마나 테츠시(山名哲史) • 옮긴이 최성현
발행인 박상근(至弘) • 편집인 류지호 • 편집이사 양동민
책임편집 양민호 • 편집 김재호, 김소영, 최호승, 하다혜, 정유리 • 디자인 쿠담디자인
제작 김명환 • 마케팅 김대현, 김선주, 이선호 • 관리 윤정안
콘텐츠국 유권준, 정승채, 김희준
펴낸 곳 불광출판사 (03169) 서울시 종로구 사직로10길 17, 인왕빌딩 301호
         대표전화 02) 420-3200 편집부 02) 420-3300 팩시밀리 02) 420-3400
         출판등록 제300-2009-130호(1979. 10. 10.)

ISBN 978-89-7479-795-9 (03150)

값 14,000원

觀自在菩薩관자재보살

行深般若波羅蜜多時행심반야바라밀다시

照見五蘊皆空조견오온개공

度一切苦厄도일체고액

舍利子사리자

色不異空색불이공

空不異色공불이색

色卽是空색즉시공

空卽是色공즉시색

受想行識수상행식

亦復如是역부여시

舍利子사리자

是諸法空相시제법공상

不生不滅불생불멸

不垢不淨불구부정

不增不減부증불감

是故空中無色시고공중무색

無受想行識무수상행식

無眼耳鼻舌身意무안이비설신의

無色聲香味觸法무색성향미촉법

無眼界乃至無意識界무안계내지무의식계

無無明亦無無明盡무무명역무무명진

乃至無老死亦無老死盡내지무노사역무노사진

無苦集滅道무고집멸도

無智亦無得 무지역무득

以無所得故 이무소득고

菩提薩埵 보리살타

依般若波羅蜜多故 의반야바라밀다고

心無罣碍 심무가에

無罣碍故 無有恐怖 무가에고 무유공포

遠離一切顚倒夢想 원리일체전도몽상

究竟涅槃 구경열반

三世諸佛 삼세제불

依般若波羅蜜多故 의반야바라밀다고

得阿耨多羅三藐三菩提 득아누다라삼막삼보리

故知般若波羅蜜多 고지반야바라밀다

是大神呪 시대신주

是大明呪 시대명주

是無上呪 시무상주

是無等等呪 시무등등주

能除一切苦 능제일체고

眞實不虛 진실불허

故說般若波羅蜜多呪 고설반야바라밀다주

卽說呪曰 즉설주왈

揭諦揭諦 아제아제

婆羅揭諦 바라아제

婆羅僧揭諦 바라승아제

菩提娑婆訶 모지사바하